Fresia Castro

TLANTÉ y
LOS ENREDOS
DEL TIEMPO

Manifiesto revolucionario del amor

Diseño de portada: Vivian Cecilia González García
Imágenes de portada: © Shutterstock
Ilustraciones de interiores: Fresia Castro
Diseño de interiores: Carolina Orozco

© 2014, Fresia Castro

Derechos reservados

© 2019, Editorial Planeta Mexicana, S.A. de C.V.
Bajo el sello editorial DIANA M.R.
Avenida Presidente Masarik núm. 111, Piso 2
Colonia Polanco V Sección
Delegación Miguel Hidalgo
C.P. 11560, Ciudad de México
www.planetadelibros.com.mx

Primera edición en formato epub: febrero de 2019
ISBN: 978-607-07-5556-9

Primera edición impresa en México: febrero de 2019
ISBN: 978-607-07-5559-0

Impreso en los talleres de EDAMSA Impresiones, S.A. de C.V.
Av . Hidalgo núm. 111, Col. San Nicolás Tolentino, Ciudad de México
Impreso y hecho en México — Printed and made in Mexico

Índice

Prólogo. 9

El viaje 19

Un encuentro anunciado 27

El comienzo del no tiempo. 35

LOS ENREDOS DEL TIEMPO
LOS INICIOS

Ollantay. 45

Inocentes y no tanto. 65

El faraón. 89

La iniciación. 113

Tiempos compartidos. Los enredos del tiempo
se complican 129

Batallas intertemporales 153

La tríada, misión y ¿muerte? 173

Luz y oscuridad se entrelazan. Los enredos del tiempo
se desatan. 187

Adiós sin muerte 199

El reencuentro. 209

Despedida. 213

Claves entregadas por Tlanté a los incas
y a todos los pueblos ancestrales americanos 219

Prólogo

¿Quién es Tlanté?

Valparaíso, 8 de abril de 1975

Ese día había sido especialmente agotador, había corrido de una reunión-desayuno a la inauguración de la feria del juguete para terminar antes del mediodía despachando las informaciones que el locutor debía entregar a la una. La tarde me había sorprendido tratando de conjugar la recepción de las agencias internacionales, para mi próximo despacho noticioso, con la reunión con el presidente del Colegio de Dentistas quien, muy conmovido y sin saber lo que le esperaba con mi reportaje, había accedido con gusto, ante la posibilidad de ser entrevistado para un medio de comunicación. Al final, logré mi propósito, gracias a Dios. Por último y casi por inercia, cuando el sol ya se había ocultado en el horizonte marino, llegué a tiempo al lanzamiento del libro *Mi armada querida*, cuyo autor, un marino retirado, admirador del dictador, había solicitado a mi jefe que le hiciéramos una nota. «No vayas a faltar, mira que nos conviene quedar bien con estas personas, recuerda que ya han sido muchas veces las que has debido presentarte a la Intendencia para justificar tus noticias "no autorizadas"», me había dicho, mirándome con una mezcla entre severo y complacido, tras sus lentes de marco grueso.

Eran las ocho de la noche. Desde la ventanilla del bus que me llevaba a casa bordeando la costa, la escasa luz vespertina aún me permitía ver los barcos a lo lejos mientras el ronroneo del motor me producía un relajante letargo. Eran momentos en que acostumbraba revisar los acontecimientos de mi jornada como jefe de Prensa de una conocida radio porteña y no pude evitar sonreír al recordar mi reunión con el dentista. Hacía tiempo que me había dedicado a investigar el uso del flúor en la pasta dental, así como en otros productos, y había descubierto que ese elemento activo, de gran toxicidad, no era biodegradable y, como deshecho, era altamente peligroso para la vida humana. Ante la imposibilidad de deshacerse de él habían decidido integrarlo en mínimas cantidades, entre otros elementos, a los dentífricos, debido a que cumplían con ciertas características que ayudaban a prevenir caries en la primera dentición. Mi interés en la entrevista era precisamente hablar sobre el tema y, por supuesto, mi interlocutor, que al principio me había recibido con una amplia sonrisa, luego de decirme que no sabía nada al respecto, terminó en forma abrupta con la cita, despidiéndome molesto.

Ensimismada en mis recuentos, mi vista vagaba por el paisaje marino sin prestarle atención, pero el fuerte reflejo de la luna sobre el agua me distrajo de mis pensamientos y me fijé en la hermosura de esa cinta de plata que se perdía en el horizonte como un camino mágico. «A veces la naturaleza entrega más belleza que todas las obras de arte que pueda hacer el hombre», reflexioné. Pero entonces, al levantar la vista, lo que encontré no fue la luna, sino una estrella, una enorme y brillante estrella cuya luz era la responsable de esa senda marina. «Vaya —pensé—, es Venus, la estrella de la tarde», y antes de que alcanzara a desviar la mirada del astro, una imagen nítida se recortó en medio del lucero, era un personaje extraño, un ser vivo que llenaba todo el espectro luminoso con su presencia y movía su mano a modo de saludo. Sobresaltada, desvié de inmediato mi atención y sentí que algo no andaba bien en mí. Lo atribuí de inmediato a la tensión de ese día y dejé que el ambiente del bus lleno de gente y el ruido de latas del vehículo me distrajeran. Pero mi curiosidad pudo más: ¿sería un fenómeno óptico?, ¿y si fuera algo más? Levantando una vez más mi vista busqué la estrella. Allí estaba él, más claro que nunca, saludándome como si fuéramos grandes amigos. Tuve el tiempo de observarlo, era una especie de indígena o, al menos, así lo creí por su vestimenta: una túnica corta y blanca, ribeteada de color violeta; sobre su cabello oscuro recortado en forma de melena portaba un cintillo amarillo encendido. Era más bien robusto y parecía de baja estatura. En medio del pecho, sobre su indumentaria, se dibujaba un ojo cuya pupila tenía la forma de una estrella de cinco puntas. Su rostro exhibía una amplia sonrisa de labios gruesos, los ojos pequeños y dulces contrastaban con una nariz enorme y aguileña. Era lo que aquí habríamos llamado un «antihéroe».

Lo más sorprendente fue saber de inmediato su historia, quién era, qué hacía y cuáles eran sus objetivos. Como si hubiera entrado en un campo fuera del tiempo y del espacio, y también más allá de toda cordura terrestre, sentí que estaba ante algo extraordinario que ya no podía eludir. Fui sacada bruscamente de la experiencia cuando el movimiento de los pasajeros que se aprestaban a descender de la máquina me indicó que había llegado al paradero. Caminé como sonámbula y sin darme cuenta llegué a casa. Había subido las tres cuadras cerro arriba en estado de trance, sin dar crédito a lo que acababa de experimentar. No osé volver a mirar la estrella, me bastaba con el enredo de pensamientos que se agolpaban en mi cabeza y que me hacían dudar de mi equilibrio mental, por decir lo menos.

Alejandra y Alfred, mis hijos, estaban acostados ya, y Mari, mi amiga que me acompañaba mientras Louis estaba de viaje, se entretenía viendo un programa de televisión, cobijada cerca de la chimenea de piedra que a esa hora abrigaba el ambiente húmedo de Reñaca con el crepitar de los leños encendidos.

—Mari, por favor, dime que no parezco loca, dime que soy una persona normal, que me conoces y puedes dar fe de ello, por favor —le rogué con desesperación en cuanto la vi. Después de escucharla decir lo que yo quería oír, pasé a contarle la aventura, esperando lo peor de su reacción. Para mi asombro, le pareció tan natural como si le hubiera relatado una conversación con el vecino. Pensé por un momento que, tal vez, ambas estábamos contagiadas de algún tipo de virus de locura, sin embargo, algo en mi interior me decía que estuviera tranquila, que no estábamos desquiciadas y que dejara al tiempo darme la comprobación.

—Así que, si es necesario, hoy no dormiré hasta poner en papel el comienzo de la historia de este personaje, que hasta donde yo sé es interminable —le dije a mi amiga al momento en que se fue a acostar, después de haber tenido la paciencia de prestarme atención por dos largas horas.

La claridad del alba me sorprendió justo cuando terminaba el resumen del primer capítulo de la vida de mi amigo. El misterioso personaje de la estrella vio por primera vez la luz artificial de la Tierra que iluminaba la noche y se asomó a través de los trazos del lápiz, y con él otros visitantes ya más acostumbrados a nuestra forma de vida.

Al día siguiente todo pareció volver a la normalidad. Yo había alcanzado a dormir un par de horas y Mari ya se había levantado a preparar un reconfortante desayuno con pan amasado y chocolate caliente. Apenas salté de la cama fui a la habitación de los niños para mostrarles mis dibujos del personaje y de otro protagonista de su historia, cuyos nombres eran lo único que quedaba por saber.

—¿Cómo se llaman? —les pregunté.

Casi a coro, pero cada uno en lo suyo.

—Tlanté —gritó Alejandra en la media lengua de sus tres añitos mientras señalaba a mi nuevo amigo.

—Atahualpa —dijo Alfred, empinándose en los seis años, más moderado, indicando al otro, y yo me quedé sin habla.

¿De dónde habían sacado esos nombres? Mi hijo estaba iniciando su actividad escolar y nadie le había hablado de la historia aborigen americana, y en cuanto a Alejandra, había dicho un nombre absolutamente desconocido.

Así fue como apareció Tlanté, quien en su expedición a la Tierra encontrará, en su primera misión, a Atahualpa, en lo que hoy es Perú.

Su origen:

Nació de una estrella, se presentó al anochecer con un brillo más intenso que el de la luna, haciendo camino en el océano Pacífico. Venía de la Estrella del Sur o Lucero del Alba y bajó a la Tierra a través de la mente de un ser humano que viajaba en un bus color naranja, por las costas de Valparaíso.

AYAM TLANTÉ

15

Así sea que pueda llegar al lugar elegido,
no importa cuánto tarde.
Es solo cuestión
de eternidad.

El viaje

Aterrizaje

Tlanté permanecía absorto. Contemplaba la Tierra desde su espiral de transportación, envuelto en esa tibia y serena cámara ondulante. El hermoso planeta azul se hacía cada vez más nítido a medida que las frecuencias electrónicas dejaban el paso a la vibración del átomo, que limitaría de inmediato sus capacidades. Estas deberían adaptarse a las existentes en esta forma de vida a la que por primera vez se incorporaba.

—Espero llegar a tiempo —murmuraba para sí.

Poco a poco, mientras su rayo-nave se acercaba vertiginosamente a suelo firme, vio cómo aparecían con detalle grandes extensiones de vegetación. Era tan espesa que impedía ver los posibles senderos y rutas que la recorrían. El terreno en que descendería marcaba un continente y se asemejaba a una especie de triángulo. Se preguntó si el vértice superior apuntaría hacia arriba del globo o hacia abajo, ya no estaba seguro de nada. Eso de entrar en el tiempo-espacio y la consiguiente pérdida de referencias estelares lo tenía desorientado.

El aleteo de su paloma Ka sobre su hombro, que intentaba aclararle de inmediato su inquietud, le recordó con tristeza que esta, su gran amiga, su alma guía, lo abandonaría en cuanto se posaran en suelo firme.

—Estamos llegando a América del Sur, y en cuanto a tu inquietud, no existe el arriba y el abajo para nosotros, tampoco debería existir para sus habitantes. Mira bien, ¿ves en ese globo suspendido en el espacio, girando en torno a su sol, algún signo que determine su ubicación? Pues no, pero como a ellos se les ha ocurrido que pueden decidir lo que quieran, lo estiman desde el punto de vista que mejor les conviene de acuerdo a su posición —le explicó Ka mientras picoteaba en el hombro de su pupilo unas miguitas de maná que Tlanté cogió de la sustancia luminosa que los envolvía y que había colocado a su alcance momentos antes.

—¡Ah, sí!, nuestro próximo destino y el comienzo de mis desafíos —corroboró entusiasmado el viajero, y se aprestó para el momento del descenso. Sacudió los restos de alimento que permanecían en su hombro, se enderezó la banda amarilla que rodeaba su cabeza para sujetar su cabello y, mostrando una amplia y amable sonrisa, esperó el momento en que sus pies se posaran en tierra firme.

—No tan rápido, amigo —sugirió Ka que, previendo la incipiente adaptación de Tlanté a su nuevo estado, ya movía sus alas. Suspendida en el aire, evitaría el golpe del aterrizaje—. Recuerda que estamos en territorio desconocido, aquí existe el bien y el mal, y tú, a pesar de venir del no tiempo, serás uno más de ellos, liberado a tu albedrío. Tus poderes solo te servirán para utilizarlos cuando requieras dar ayuda en alguna emergencia, no necesariamente para protegerte en cualquier ocasión, no pierdas de vista estas condiciones.

—Ya, ya. Lo sé. Tal vez si no fueras tan insistente... Me has repetido esta lección una y otra vez. Esto de ser mi protectora te está haciendo ser un poco majadera —y con un guiño de complicidad (nada podría empañar el cariño que sentían el uno por el otro) flexionó sus rodillas para no sentir el choque con la gravedad terrestre ante la inminente llegada.

Una divertida
e incómoda adaptación

Año terrestre: podría ser 1490 o mucho antes
Mes: marzo. Hora: 21:55

—¡Uff, qué viaje!, mira cómo quedé, todo embarrado, menos mal que ya es de noche, y podremos buscar las señales sin problema. ¿Crees que estamos cerca de nuestro objetivo, Ka? —dijo Tlanté mientras se refregaba las rodillas raspadas tras caer violentamente al suelo en el último trecho del descenso, por no haber reparado que el cono de luz aún no había tocado terreno firme y había dado la orden verbal de detenerse antes de tiempo. Sin esperar respuesta de su pequeña compañera, se puso en marcha mirando fijamente al cielo con cierta ansiedad.

Caminaba sin ver el entorno, ensimismado en encontrar aquel signo celeste que esperaba. El paisaje era selvático, sombrío y misterioso. Una luna creciente apenas filtraba su luz blanquecina por entre las ramas de las altas araucarias, escasamente se divisaban los senderos naturales por los que avanzaba Tlanté en medio de la espesura. De vez en cuando el silencio era roto por el croar de alguna rana insomne y el eco del aullido de algún animal merodeador. A lo lejos se escuchaba el sonido del agua deslizándose por las piedras, pero no se divisaba riachuelo alguno.

—¡Mira, Ka, la señal!, ¡ahí está la señal!, ahí en el cielo, frente a nosotros. Estamos en el lugar correcto, ¡sigámosla!, crucemos por aquí...

¡Splashhh! El ruido de un cuerpo cayendo al agua interrumpió la frase y produjo un movimiento imperceptible en la naturaleza durmiente.

Tlanté se había zambullido en el helado riachuelo que apareció de improviso ante el caminante. En su entusiasmo al ver aparecer en el firmamento, justo en un recodo del sendero, unas estrellas que formaban una cruz, había corrido, decidido en su dirección, sin fijarse dónde pisaba.

—Caramba, aún no me acostumbro a mi nueva condición, se me olvida que ya no levito —murmuraba, en tanto que se ponía de pie con dificultad y el agua chorreaba, copiosa, de todo su cuerpo. Miraba su tenida blanca, recién estrenada, toda mojada y con sendas manchas de lodo. Incluso el símbolo del ojo de la estrella, diseñado a la altura de su pecho, mostraba salpicaduras. La paloma, que hasta hacía un instante se había dejado llevar en su hombro gran parte del trayecto, había alcanzado a aletear justo cuando él caía, y ahora lo miraba silenciosa, posada en una de las piedras que sobresalían del agua.

Una risa extraña y repetida se dejó oír en la rama de un árbol cercano. El tenue rayo de luna que alumbraba el lugar de donde provino el burlesco sonido dejaba asomar la figura blanca y jaspeada de un búho.

—¡Ey!, tú, guincho,[1] dime, ¿cuál es el chiste? —le espetó enojado Tlanté, mientras se acomodaba su cintillo que se había ensanchado con el agua y le cubría parte de su visión.

Antes de que se diera cuenta que esa era solamente la forma de comunicarse del ave, el guincho desplegó sus pesadas alas y se internó en la espesura, ofendido por haber sido tan mal interpretado.

—No termino de acostumbrarme a este nuevo estado, mis emociones me superan y no puedo controlarlas. Tendré que aprender de una vez por todas a adaptarme a esta nueva situación —reflexionó en silencio, y sin más trámites enderezó

---

[1] Guincho: Especie de búho americano presente en las alturas andinas.

su columna vertebral y con voz fuerte y decidida le habló a su cuerpo:

—¡En el nombre del gran Poder que me da vida y es en todo, te ordeno controlar el oleaje de mi campo emocional y sellarlo con el escudo de luz azul! —y de inmediato un halo azulado rodeó su cintura.

Con un suspiro de alivio, juntó sus manos en la espalda como le resultaba más cómodo cada vez que caminaba sin prisa y continuó por la senda que asomaba en medio del tupido follaje siguiendo la dirección de las guías estelares. Pero estas habían desaparecido para dar paso al reflejo temprano del sol en el amanecer. Algo confundido por este brusco cambio en sus planes, decidió continuar, suponiendo que estaban en la dirección correcta y apoyado en las indicaciones que su paloma le iba sugiriendo.

—¡Uy, que oscuro está aquí, espero no extraviarme, debo llegar a tiempo —decía nuestro amigo, mientras se abría paso a través del estrecho sendero, obstruido por las plantas selváticas que, además, impedían que los rayos del sol matutino alumbraran el camino. Pero lo que no sospechaba era que aún quedaba un largo trecho por recorrer y debería usar su limitado poder que le restaba, para no ser bloqueado en su misión.

Por primera vez sintió lo que era el cansancio terrenal. Su postura erecta de siempre había dado paso a una leve inclinación y fuera de tener que ordenar a una tremenda y hambrienta boa que no lo engullera, y a un enjambre de mosquitos que se abalanzó sobre él que no lo picaran, sufrió los síntomas de un resfrío, debido a una torrencial lluvia que lo empapó sin compasión cuando se internaba ya en las montañas andinas.

—¡Aaachú!... ¡Aaachú!..., barece que estoy badeciendo lo que aquí en la Tierra llaman «gribe», qué bolesto, esto no me está bustando —mascullaba en medio de estornudos.

El paisaje era espectacular, pero Tlanté no tenía la oportunidad de verlo, sumido como estaba en sus propias dificultades para salir de una vez por todas de ese largo y difícil trayecto.

La cordillera se erguía majestuosa. Irisada por la luz emergente del día descubría sus tonalidades minerales, cubiertas a medias por las nieves eternas de sus cumbres. Atrás había quedado la selva, con su gama de verdes misteriosos. Las copas de las araucarias asomaban orgullosas, altivas, integradas al panorama general. El cielo de un azul intenso contrastaba con grupos de nubarrones que oscurecían algunos sectores altos. Pese a toda esa naturaleza bullente de vida, el silencio se imponía en ese sector y solo lo quebraba el sonido melódico del viento, que irrumpía de vez en cuando en ráfagas heladas.

De pronto, al rodear una colina de pendiente fuerte, sudoroso por el esfuerzo de la subida, Tlanté descubrió un animal que de acuerdo con su información indicaba la presencia de un poblado cercano.

—¡Estamos cerca, Ka, mira... es un llamo,[2] ahí, ese que nos mira con curiosidad —señaló indicando a un hermoso camélido que, sorprendido, los observaba detenidamente.

Antes de viajar a la Tierra, nuestro personaje había sido cuidadosamente preparado para enfrentar lo desconocido, mediante hologramas específicos plasmados en escenas que mostraban la flora, fauna y rincones del planeta, así como las características de los humanos, sus reacciones, forma de comunicarse, sus cualidades y defectos con los que tendría que alternar.

La blanca paloma, que hasta ese momento gozaba del paisaje sin preocupaciones debido a que su medio de transporte había sido el hombro de su alumno, emprendió el vuelo

---

[2] Llamo o llama: Camélido andino cuya lana utilizan los artesanos para sus tejidos.

para adelantarse y entablar un diálogo silente con este animal. Quería interrogarlo acerca de la distancia del próximo poblado, pero su ocasional interlocutor, que no despegaba sus ojos de Tlanté, se adelantó inquisidor:

—¿Quién es ese extraño individuo que te acompaña?, se parece a mis amos, pero este es mucho más divertido y no tiene la prestancia de los habitantes del pueblo de donde vengo —manifestó el llamo al tiempo que masticaba unas ramitas silvestres.

—No lo mires en su apariencia, es un sabio estelar que ha tenido que adoptar una forma un poco regordeta, lo que sucede es que tuvimos que elegir de entre los modelos humanos del holograma y este estaba algo deformado por la inestabilidad de las redes de conexión, así que el resultado no fue lo que diríamos un bello ejemplar. Sin embargo, si lo vieras en su verdadero estado, se te caería el pasto que tienes en el hocico de la sorpresa.

Luego de un intercambio de información, sin que nadie se enterara de su forma de comunicarse, puesto que el ave posada en un arbusto cercano, y el llamo rumiando su alimento diario, solo parecían formar parte del paisaje, Ka terminó por saber que estaban a solo un par de horas de camino del lugar señalado por la cruz estelar. Una vizcacha,[3] ajena a la situación, pasó veloz por el sector, para terminar escondida detrás de una piedra, asustada.

Era el único suceso que alteró por un momento la calma que entregaba la naturaleza del lugar.

—Creo que estamos a punto de llegar —comentó al cansado viajero, quien había aprovechado para sentarse en una roca a contemplar el entorno por primera vez.

---

[3] Vizcacha: Roedor parecido a las ardillas que habita en las alturas de la cordillera andina.

Un encuentro anunciado

Machu Picchu

No muy lejos del lugar un grupo de hombres y mujeres vistiendo tenidas parecidas a las de Tlanté, pero mucho más coloridas, se encontraba reunido frente a una singular construcción ubicada en una pequeña cima del entorno montañoso. Ahí, subido en unos escalones que daban a una especie de monolito irregular coronado por un cono de piedra, quien parecía ser el gobernante por su elegante tocado de oro sobre su cabeza, se dirigiría a los presentes para entregarles una importante información.

—Queridos hermanos —irrumpió con fuerza su voz en el silencio de las cumbres. Los allí congregados pararon de golpe sus conversaciones para atender con respeto al inca Atahualpa[1], soberano de ese imperio andino, quien los había citado esa mañana a una reunión de emergencia—. Estamos a punto de vivir uno de los más importantes eventos de estos tiempos —continuó—, se trata de la llegada de un visitante que nos ayudará a enfrentar tiempos difíciles que se avecinan. Ha sido anunciado por nuestros guías a través de las constelaciones. Debemos recibirlo como se merece, así que permanezcan atentos a su aparición. He aprovechado la ocasión en que

---

[1] Atahualpa: Gallo. Nombre quechua. Atahualpa fue el decimotercer gobernante inca y, aunque tuvo sucesores nombrados por los españoles, es considerado como el último emperador inca.

celebramos el Intihuatana[2] en este solsticio para pedirles que lo acojamos con cariño. Por mi parte ya he dado las órdenes pertinentes para que le sea preparado un lugar donde se pueda alojar.

—Debe ser un enviado de los dioses —dijo Curaca en voz alta para que los de su entorno lo escucharan. Él era el jefe de la guardia y se caracterizaba por su lealtad al gobernante. Siempre quería ser el primero en dar su opinión, a fin de que nadie pudiera adelantársele y así mantener su condición de superior ante sus guerreros.

—Ya se está creyendo el cuento el jefe, apuesto que no es más que un viajero amigo del inca que le traerá algún regalito y por eso tanta alharaca. Ver para creer, hasta que no me cerciore por mí mismo no estaré de acuerdo con la visita —fue uno de los escépticos comentarios que se alcanzó a oír en medio de los murmullos que desataron los anuncios de Atahualpa.

—¿Te fijaste el quepe[3] nuevo de Awak?,[4] debe haberlo tejido apurada para lucirlo ahora que estamos todas. Observa como aún le cuelgan los nudos, es una pretenciosa, mira, ve que hacerse la linda —el comentario, escondido en medio de la algarabía de opiniones luego de la alocución había resonado casi tan fuerte como el anuncio del inca, cuando todos los concurrentes callaron para iniciar la ceremonia del Intihuatana.

—¡Upps! —dijo Umiña,[5] quien había sido la autora de esa poco fina intervención, al ver como todos los rostros se volvían hacia ella con desaprobación y darse cuenta de que había sido escuchada incluso hasta por la misma afectada.

[2] Intihuatana: Amarre del sol. Ceremonial de solsticio en los Andes peruanos.
[3] Quepe: Mantilla para portar bultos en la espalda, o como abrigo.
[4] Awak: Tejedora. Nombre quechua.
[5] Umiña: Esmeralda. Nombre quechua.

Pese a que existía gran unión entre los habitantes de Machu Picchu, no faltaban quienes no siempre estaban de acuerdo con sus superiores, ni con sus vecinos, pero eso sí, el respeto y la obediencia primaban por sobre todo.

—Cuando nuestro visitante llegue, lo recibiremos como se merece y espero que sea acogido por ustedes sin sus comentarios acostumbrados —concluyó el sapa inca dando por entendido que no se le escapaba ninguna de las expresiones lanzadas por sus súbditos durante la reunión.

Mirándose unos a otros con cara de «me pilló», una vez terminado el rito, se retiraron a sus quehaceres habituales. Unos volvieron a sus terrazas de cultivo donde asomaban ya verdes y relucientes las primeras matas de maíz junto a la quinoa,[6] y otros regresaron a la aldea donde les esperaban las labores propias de la comunidad. Por su parte, algunas mujeres, muy jóvenes y bonitas, se dirigieron presurosas al Templo de las Acklas.[7] Habían salido momentos antes, solo con el propósito de participar del amarre del sol. Al poco rato todo había vuelto a la normalidad y nada hacía suponer que pronto recibirían la tan anunciada visita ilustre.

Este pueblo pertenecía a una cultura intermedia de los Andes. Heredera y remanente de grandes y avanzadas civilizaciones de un remoto pasado, ahora formaba parte de la nuestra. Sus ritos y costumbres guardaban la información ya velada, pero siempre presente como recordatorio anclado en la memoria interna del ser, para que en el momento correcto pudiera ser revelada a las nuevas generaciones.

Ocupaban un extenso territorio montañoso enclavado en las cimas de la cordillera andina, donde en tiempos antiguos se habían levantado grandes y misteriosas construcciones, que

---

[6] **Quinoa:** Alimento propio de los Andes, rico en proteínas.
[7] **Acklas:** Vírgenes del sol.

ahora ellos habitaban, y cuyas características serían un enigma para las generaciones futuras. Tenían gran respeto por la naturaleza y sus poderes. Adoraban a los espíritus que la constituían y a criaturas tales como jaguares, serpientes y cóndores. Inti, el sol, era su dios principal, lo consideraban el Proveedor de Vida y protector de los incas.

Despedida y soledad

La noche había llegado demasiado pronto para Tlanté, quien, por entretenerse con el panorama terrestre, no había alcanzado a llegar de día a la aldea y transitaba por el angosto camino que bordeaba las altas montañas andinas. Desde la espesura selvática cercana comenzaban a escucharse los sonidos de los animales merodeadores nocturnos y eso le preocupaba.

—Espero que mi escudo azul me proteja, no vaya a ser que el león cordillerano me desconozca o los guardianes de la villa me confundan con él, es un riesgo venir como forastero —mascullaba entre dientes tratando de mantener su estilo de hombre, indiferente a las amenazas, determinado a no temerle a nada, con las manos en la espalda y andar relajado.

Ka había optado por volar de rama en rama oteando el entorno para descubrir cualquier amenaza que perturbara a nuestro amigo y retardara su arribo a la aldea, donde debería comenzar su misión.

—Hey, Tlanté, cuidado con esa roca que está a punto de desprenderse... —alcanzó a advertirle antes de que el enorme peñasco comenzara a deslizarse cerro abajo y el caminante, recurriendo a sus últimos restos de poder estelar, pudiera levitar unos cuatro metros por sobre la enorme piedra.

De esta forma, escapó de interrumpir de forma violenta su misión antes de siquiera comenzar.

—Son los oscuros de siempre que han presentido tu llegada —señaló Ka a su protegido, una vez pasado el susto y luego que Tlanté ya hubiera posado nuevamente sus pies en tierra—. Tendrás que estar alerta, querido amigo. Aquí en la Tierra nunca debes olvidar que estarás siempre entre dos polos, por un lado los que te esperan y son tus aliados, y por otro los que tienen como objetivo impedir que el plan se cumpla en este rincón del planeta —finalizó la paloma mientras volvía a sus atalayas, suspendidas en la cima de las araucarias que destacaban por sobre las demás arboledas andinas. No quiso que Tlanté se enterara de su pronto regreso a los reinos de la estrella.

—Ya tendrá bastante con las experiencias que le esperan, para yo hacerle más difícil sentir su soledad, al estilo de este mundo en el que ha entrado —pensaba, mientras caía sobre ella el cono de luz que la llevaría lejos, hasta un nuevo encuentro con su amado viajero estelar.

Primeras experiencias terrestres

Tlanté sabía perfectamente que su misión no sería fácil, excepto por la alegría que llenaría sus actividades y el profundo sentimiento de victoria. Estaría expuesto a cada instante a los ataques del lado oscuro. Pero también entendía que mientras mantuviera sus sentimientos en armonía y su atención puesta en quien lo había enviado y en el éxito de su tarea, nada podría ocurrirle. Sabía que los embates siniestros también tendrían que ver con tentaciones de poder, y por sobre todo tenía la certeza de que las grandes batallas en este mundo, en el que acababa de aterrizar, se daban siempre consigo mismo.

Enfrascado en esas reflexiones, no se dio ni cuenta cómo, de improviso, se encontró a los pies de una enorme escalinata de piedra que lo conduciría al palacio del sapa inca. Esta se recortaba imponente contra el cielo gracias a la salida de la luna que comenzaba a menguar. Por primera vez sentía lo que significaba el esfuerzo, ya que de donde venía todo era instantáneo y simple de manifestar. Si quería estar en algún lugar, solo bastaba con desearlo.

—Uff, qué cansado estoy, no soy capaz de pisar ni siquiera los primeros escalones, y si no me apuro, la fuerza generadora de este astro-sol comenzará a debilitarse y no alcanzaré a usar su poder —se lamentó nuestro héroe.

Entonces, dispuesto a dar su primera batalla, esta vez a su propio agotamiento, emprendió decidido, pero con los brazos colgando hacia delante, la espalda algo encorvada y cabeza gacha, el camino hacia el atrio de entrada del palacio. Estaba a punto de llegar y ya iba a respirar de alivio cuando un perro chico y de orejas grandes que se creía el guardián del Imperio se lanzó a sus pies para morderlo, mientras ladraba desaforadamente para llamar la atención de los guardias del palacio.

—Eeeh... ¿qu... qué ocurre? —musitó uno de los guardias que hasta ese instante dormitaba apoyado en una de las columnas de la entrada. Al enderezarse vio a Tlanté emprender una veloz carrera escaleras abajo, perseguido por el perro chico que ya se creía merecedor de un gran hueso de llamo por su osada acción.

El mensajero estaba una vez más como al principio. Su desesperación fue tanta que, con lágrimas en los ojos y tirado cuan corto era, comenzó a golpear con sus puños la tierra. Pataleaba a todo lo que sus fuerzas le daban, y mientras movía la cabeza de lado a lado mascullaba:

—No subo y no subo y no subo... me rindo, es demasiado... —el perro chico, sorprendido, había parado su ataque y casi conmovido por los lamentos de Tlanté aguardaba a su lado, a la espera de indicaciones. Algo le decía que esta vez había errado en algo y sintió cómo su premio se iba alejando de su paladar.

Alertado por el enorme escándalo, el sapa inca se asomó a la entrada, y al darse cuenta del tremendo error que había ocurrido, pues ya sabía que se trataba de su invitado, no dudó en enviar a un grupo de sus guardias a socorrer al visitante, quien ya menos compungido y asido firmemente a los hombros de dos de esos vigías, subía en silla de manos por la larga escalinata, hasta llegar ante la presencia de Atahualpa. El gobernante, luego de retar al perro chico, dio la bienvenida a su algo maltrecho huésped, con la actitud solemne que le caracterizaba:

—Gracias por acudir en nuestra ayuda, noble señor, ruego disculpe a Chaska, es el regalón de mi hija Quilla y se cree un guardia más, pero no distingue entre intrusos y visitas ilustres, como usted pudo apreciar. Los dioses nos anunciaron su llegada, sea bienvenido a nuestro humilde imperio —dijo el gobernante, un hombre especialmente modesto.

Ya repuesto de sus primeros estallidos emocionales propios de su nuevo estado, que aún no controlaba, Tlanté respondió con la sensatez que le era propia:

—Gracias, noble emperador del Sol, como usted sabe, vengo en misión espacial... quiero decir especial, y estamos en tiempos donde mi presencia será necesaria.

—Efectivamente, fue el mismísimo Viracocha quien me avisó de su pronta venida para estos días y ya mis súbditos están enterados de tan magna visita —explicó el inca mientras, con el ceño fruncido, echaba una ojeada a todos los guardias que, apostados afuera de la entrada, se empujaban para seguir de cerca los acontecimientos.

—¡No empujen, total, tengo derechos de vista, fui el que lo subió por las escaleras! —reclamaba Tunkur[8] imponiéndose sobre los otros...

—¿Y yo?, ¿eh?, lo subí contigo, egoísta —alegaba Yawri[9] mientras intentaba asomarse detrás del grupo...

Todos estaban muy atentos a este extraño personaje, pequeño, gordito y algo narigón, al tiempo que se preguntaban cómo era posible que fuera él, el famoso héroe esperado con tanto ahínco.

[8] Tunkur: Cóndor. Nombre quechua.
[9] Yawri: Cobre. Nombre quechua.

El comienzo del no tiempo

Sabiduría, ignorancia y mucho amor

Luego de las presentaciones y mutuas alabanzas, el soberano lo invitó a servirse una opípara cena que el forastero aceptó de inmediato. Su nuevo estado, limitado a la alimentación orgánica, lo tenía algo confundido y no había relacionado que esos sonidos guturales que provenían de su «reserva de poder» alrededor del ombligo, podían ser una advertencia. Ya no estaba absorbiendo su cuota de luz «saborizada», sino que tenía que mantener su energía con esas densas materias coloridas que dejan desechos poco gratos, tal como le habían enseñado sus preparadores del vuelo interdimensional. Pero como también le gustaba la aventura, de inmediato se lanzó a la tarea de probar por primera vez la absorción energética llamada «alimento».

Mientras cenaban un sancú,[1] Atahualpa informó a Tlanté sobre su reino, sus costumbres y acerca de su única hija, Quilla, quien estaba a punto de convertirse en una postulante a virgen del sol (ackla), sacerdotisa inca responsable de servir para siempre a Inti.[2] Lo que no sabían era que, en esos mismos instantes, la niña se encontraba en la habitación vecina, encaramándose en un inmenso jarrón que se encontraba debajo de una alta ventanilla desde donde podría observar al huésped y escuchar la conversación.

[1] Sancú: Alimento compuesto de maíz.
[2] Inti: Dios Sol.

* Chicha: bebida a base de maíz, quinoa, oca y mole. No es alcohólica, a menos que se deje fermentar.

Quilla yacía en el suelo lamentándose, mientras se sobaba sus partes adoloridas. El jarrón estaba roto y el contenido de la chicha regado por el suelo dejó el ambiente lleno de su fuerte aroma.

—Perdón, sapa pacha[3] —clamaba con angustia la niña—, pero tú sabes, lo hemos conversado... necesito ayuda, por eso quise saber quién era tu invitado, ¿quién sabe?, a lo mejor él... —no alcanzó a terminar su explicación pues, mientras el gobernante le ayudaba a pararse evitando que los trozos de la vasija la hirieran, la miró fijamente a los ojos con el ceño fruncido (que parecía ser su forma de demostrar su voluntad). Luego, le musitó al oído algunas palabras que Tlanté no alcanzó a oír, pero que supuso no eran favorables a un mutuo acuerdo, al menos por el momento.

Sus sospechas fueron confirmadas cuando vio cómo Quilla, una vez repuesta y ya de pie, salía corriendo sin mirar atrás. La vio cubrirse los ojos con las dos manos para evitar un sollozo.

—Malo, malo —repetía en voz baja Tlanté, moviendo la cabeza y con la mirada puesta en la princesa, quien se perdía tras un recodo de la casa—. He aquí mi primera tarea, no la esperaba tan pronto, pero veo que los acontecimientos se precipitan, al menos la historia final, hmmm... ¿la veré quinientos, seiscientos, mil años más?, ¡Hum!, extraño pensamiento.

—¿Decías, hermano estelar? —la pregunta del sapa inca interrumpió sus reflexiones, que al parecer había expresado en voz alta.

—Mmm, no —se apresuró a responder—, solo divagaba un poco, suelo hacerlo a menudo.

—En mi universo no callamos nuestros pensamientos, no se puede, pues nuestras potencias quedarían aprisionadas, ellos fluyen libres y todos nos enteramos de nuestras intenciones y

---

[3] Sapa pacha: Padre sabio.

deseos. Son especies de rayos luminosos cuyos colores e intensidad reflejan y transmiten justamente el sentimiento con que creamos. Aquí resulta algo complicado, pues existe una densidad que vela esos sentimientos. Me informaron que, debido a esta situación, en este mundo existe la mentira, la traición y las intenciones de todo tipo oscilando entre el acierto y el error, aún no se qué significa, pero sé que no es bueno para nadie y menos para los que ocultan su verdad. En fin, ya veremos cómo se desarrollarán las cosas en lo que ustedes llaman «futuro» y con mi participación en esta época en la que me correspondió venir —terminó explicando ante el desconcierto de Atahualpa, que no entendía por qué el forastero tenía esa rara manera de comprender la vida.

Este primer encuentro entre el sapa inca y Tlanté había sido muy movido y el huésped estaba sufriendo los síntomas propios de su nuevo estado, así que bostezando y con los ojos a medio abrir, sugirió a su nuevo amigo que lo llevara a la habitación que le estaba destinada.

—Te pido disculpas, hermano de las estrellas —comenzó diciendo el gobernante, mientras atravesaban un gran patio en dirección a una casita situada a unas cuadras de las afueras del palacio—. En realidad, mi hija ha estado muy angustiada debido a que a sus quince años recién cumplidos, y por ser hija del sapa inca, tal como te dije en la cena, le corresponde el honor de entrar al Templo de las Acklas. Como te habrás dado cuenta, ella no desea ese honor por ningún motivo —dando un hondo suspiro a modo de mostrar su preocupación por la situación, continuó—: La verdad es que adoro a mi hija. Luego que Killa, su madre, viajara al mundo de los espíritus, ella ha sido mi única compañía y haría cualquier cosa por complacerla, pero me debo a mi pueblo y a los designios de los antiguos y es necesario que ella cumpla con este aprendizaje para que cuando llegue el momento, sepa aceptar su destino, como sacerdotisa eterna, o bien, ser inmolada a nuestros dioses.

En esos momentos Atahualpa pareció más viejo, su espalda se encorvó y un sollozo escapó de su garganta. Resultaba raro ver esa reacción en un gobernante de su talla, aunque para Tlanté pasó desapercibido, pues durante su entrenamiento había sido informado de lo emotivos que eran los habitantes de este lado del universo.

—¿Qué es inmolarse, querido amigo? —preguntó Tlanté quien, pese a su cansancio, marchaba con las manos en la espalda, como era su costumbre, pero seguía atento al relato del soberano sin entender, a su parecer, estas truculentas tradiciones.

—Para evitar el enojo de los dioses manifestándose a través de terremotos, sequías, hambrunas y otras calamidades que puedan enviarnos, nos adelantamos a ofrendar lo más amado y valioso que tenemos; nuestras sacerdotisas preparadas por años son nuestra mejor ofrenda. Para ellas, este sacrificio es un honor —respondió el inca.

A estas alturas nuestro héroe estelar no cabía en su asombro.

—¡No es posible! —exclamó—. ¿Qué tiene que ver el hecho de que alguien termine bruscamente su paso por este transitorio estado con el hecho de que los eventos terrestres ocurran o no? Acaso no saben que... ¡Caramba! —dijo y se interrumpió de inmediato. Solo su pensamiento siguió su propia información.

Movía su cabeza de un lado a otro, mientras reflexionaba:

—En realidad no tienen por qué estar al tanto.... Bueno, ya hablaremos al respecto más adelante, amigo. Ahora es tiempo de retirarnos a descansar, usted también lo necesita —recomendó al sapa inca para dar por finalizada la conversación.

La cabaña era amplia y fresca; alfombras tejidas con hermosos símbolos, que Tlanté conocía muy bien, decoraban el piso.

Una especie de lecho de paja y lana lo invitó de inmediato a zambullirse en sus sueños; fue el momento que más amó luego de su entrada en el planeta Tierra.

Era una hermosa playa de arenas blancas, un mar turquesa bañaba la orilla y hermosas aves multicolores volaban en un cielo rosa, ¡un paisaje encendido en luz, como aquellos panoramas cotidianos que acostumbraba ver en sus, ahora, lejanos reinos, lo tenía extasiado! Tlanté, en medio de esa belleza, disfrutaba de una meditación, una profunda meditación, reparadora... ¡Zzz... Zzz!, bueno, tal vez demasiado reparadora. De pronto, las aves cambiaron la dirección de su vuelo y se dirigieron raudas hacia el meditante, acariciándolo con sus alas.

—¡¿Qué... qué pasa?! —dijo sorprendido, poniendo fin a su relajación.

Alcanzó a sentir cómo ese delicado aleteo de los pájaros se convertía en algo pegajoso y húmedo que rozaba su cara. Al mismo tiempo escuchó una voz que lo llamaba suavemente:

—Señor Tlanté, ¡señor Tlanté!, ¡soy yo! —al despertar, le asombró ver que las aves multicolores y sus caricias eran nada menos que el perro chico que lamía su rostro con fruición.

—¡Pero tú hablas, Chaska, debí saberlo! —exclamó sorprendido mientras se limpiaba la mejilla húmeda.

—No, señor Tlanté, soy Quilla, estoy aquí, en la puerta... Perdóneme, no podía perder más tiempo.

Tlanté se enderezó y, haciendo a un lado a Chaska, pudo ver su delicada figura recortada en el umbral. Vestía con un fino chal de lana de vicuña,[4] que la protegía del frío matinal y daba algo de color a un pálido y triste rostro. Recién pudo darse cuenta de que ya había amanecido y que el sol comenzaba a alumbrar la ciudadela inca.

—Ahhh, bien, entra y conversemos —dijo resignado.

---

[4] Vicuña. Camélido andino famoso por la finura de su lana.

—Mi padre me llevará hoy donde Mamacuna[5] para quedar bajo su custodia —comenzó a explicar la niña—, y entonces... ¡snif, snif! ¡No quiero ir al templo, señor Tlanté... sob... por favor, ayúdeme!

Nuestro héroe ya se estaba acostumbrando a estas reacciones humanas. Su primera experiencia la tuvo en carne propia, cuando en su desesperación no quiso volver a intentar subir los escalones al palacio, cosa que, en un principio, igual lo había desconcertado. No sabía que eso podía ocurrir cuando algo no resultaba perfecto. Luego fue el monarca y ahora su hija. En esta ocasión experimentó un nuevo sentimiento: la compasión. Le pareció que era algo parecido al amor que tan bien conocía en sus dominios, y sintió un calorcito en el corazón. Quilla, más calmada, luego que Tlanté la consolara y le asegurara que todo sería hecho a la perfección, continuó su relato:

—Hace mucho tiempo era un honor y un privilegio ser una ackla, pero hoy todo ha cambiado y los ritos no son los originales. Los hombres los han arreglado a su manera... es por eso que me rebelo... y no soy la única, hay otras muchachas que piensan como yo y queremos impedir que esto continúe.

—¿Por qué piensas que puedo ayudarte? —la interrumpió el sabio.

—No lo pienso, lo sé. Conozco perfectamente quién es usted, Meru[6] me lo anunció hace ya un tiempo. No tengo idea de dónde viene, pero estoy informada de que lo enviaron los dioses.

—¡Ayyy!, querida niña, cuánto tendremos que hablar! Partiendo por explicarte acerca de lo que ustedes llaman dioses y

---

[5] Mamacuna: Nombre dado a las abuelas y mujeres mayores que cuidaban el Templo de las Acklas.
[6] Meru: Dios del lago sagrado Titicaca.

siguiendo con el hecho de que estás en lo cierto: puedo apoyarte. Sin embargo, mi ayuda no es como tú crees; en fin, eso es otra historia —respondió Tlanté.

—¡A propósito de historia! Quiero relatarle una que lo hará entender mejor lo que digo —continuó la hija del gobernante.

—Está bien, Quilla, cuéntame mientras damos un paseo.
—Cuando terminó de decir esto, ambos salieron de la cabaña rumbo a la plaza central.

LOS ENREDOS DEL TIEMPO

Los inicios

Ollantay

¿Quién es quién?

La claridad de la mañana mostró en toda su amplitud el enclave inca. El paisaje era impactante. La ciudadela pétrea estaba suspendida en la cima de una gran montaña, cuyas laderas caían abruptamente hacia un río que apenas se divisaba al fondo. A su alrededor solo se imponían las cumbres andinas, elevando sus picos agrestes hacia un cielo donde agrupaciones de nubes hacían dudar entre sol y lluvia para ese día. Una montaña especialmente alta, situada justo al lado de la aldea, parecía señalar un destino sideral al estirarse altiva y agreste hacia el cosmos. A esa hora proyectaba su sombra sobre parte del poblado. Se conocía como Huaina Picchu. Pero a Tlanté no era lo que más le impresionaba, sino su incapacidad de volar por esas cumbres cuando así lo deseara, o simplemente trasladarse de manera instantánea, y en cambio tenía que acostumbrarse al esfuerzo de solo caminar para llegar a cualquier lugar, aunque fuera sin rumbo.

—Menos mal que aún tengo mis poderes para cuando surja la oportunidad de ayudar a quienes lo necesiten. Por lo que sé, pronto comenzará la acción —dijo Tlanté.

Mientras reflexionaba en esos asuntos, Quilla había comenzado su relato.

—Es la historia de Ollantay,[1] que se parece mucho a la mía. Ya en esa época los ritos de ofrenda a los dioses se habían

---

[1] Ollantay: Jefe de los Andes. Nombre quechua. Leyenda inca.

incrementado con los sacrificios humanos de las vírgenes del sol. Señor Tlanté, muchas injusticias se han cometido en nombre de la divinidad, y ya es tiempo de poner las cosas en claro, nosotras las mujeres deberíamos tener derecho a elegir nuestra vida...

En tanto Quilla, apasionada, comentaba la leyenda, nuestro héroe estelar, con una sonrisa de picardía en el rostro y los ojos cerrados, movió las manos y creó una neblina de color naranja suave, de la que no se percató la ñusta,[2] quien estaba completamente concentrada en su relato.

El entorno cambió súbitamente y ambos personajes se encontraron deambulando en una extraña y agitada atmósfera, aunque el paisaje era similar. Caminaban por un estrecho sendero encumbrado en uno de los cerros aledaños. Las construcciones se veían más recientes que las de Machu Picchu, como si hubieran entrado al pasado. ¿Qué había sucedido en realidad? Tlanté tenía la capacidad de controlar el tiempo, un poder de la ciencia-espíritu atemporal proveniente del origen y que seguía vigente en aquel lugar, desde donde él provenía. Y para hacer más interesante la historia quiso vivirla en directo junto a su protegida. Quilla no parecía asombrada, experimentaba la situación como si estuviera acostumbrada a esos efectos.

Estaba sumida en recuerdos de esa historia y una alteración en el tiempo es similar a entrar en las memorias de los eventos archivados en el almacén de la malla que rodea el planeta. Solo que ella no estaba preparada para entender este tipo de eventos. Cualquier trastorno espacio-temporal puede parecer propio de la imaginación, al ignorar que todo es creación constante. Por eso no se dio cuenta del cambio que se había producido.

---

[2] Ñusta: Princesa inca.

Sigamos entonces los acontecimientos del pasado que el guía estelar había activado. Al aplicar su ciencia, Tlanté extrajo de esa malla los sucesos que correspondían a ese periodo, así como también extrajo de la memoria celular de la joven los archivos de esas experiencias ancestrales.

Un muchacho inca corre nervioso hacia donde están ellos, y pasa a su lado sin mirarlos. Parece buscar a alguien, hasta que divisa a un joven que aparenta esperar sus noticias.

—¡Ollantay! —le gritó el recién llegado—. Debes saber qué está sucediendo...

—¡Piquichaqui,[3] ¿me traes noticias de Cusi Kuyllúr?[4] ¡Al fin sabré dónde nos encontraremos esta vez! —gritó emocionado el aludido, mientras se dirigía anhelante hacia el amigo mensajero.

Este bajó la cabeza, consternado, pues la información que traía no era buena.

—Cusi Kuyllúr ha sido encerrada en el Templo de las Vírgenes del Sol, será preparada para servir a Inti y, si es necesario, será sacrificada, tú sabes, ¿no?

Ollantay quedó desconcertado; suspendido en su entusiasmo, no daba crédito a la información que escuchaba.

Hacía cuatro días que los dos enamorados habían tomado la decisión de presentar ante el gobernante Pachacuti, y padre de Cusi Kuyllúr, su deseo de construir una vida juntos, y ahora esto.

—No tienes muchas oportunidades, amigo —le advirtió Piquichaqui—, recuerda que el sapa inca no acepta en su núcleo familiar a nadie que no tenga sangre noble, y tú... bueno, eres solo un guerrero valiente.

Para Ollantay estas últimas palabras fueron como un golpe en plena cara, que le sirvió para reunir toda su fuerza y

---

3 Piquichaqui: Pie de pulga.
4 Cusi Kuyllúr: Estrella feliz.

determinación y declarar con un vozarrón que remeció hasta las piedras:

—Sí, pero no me rendiré, lucharé por mi Cusi Kuyllúr, los dioses tendrán que escucharme y toda oposición será vencida por la luz del amor.

Dicho esto, tomó del hombro a su amigo y se alejaron por la quebrada. Ollantay comentaba algo al parecer importante, pues gesticulaba con entusiasmo mientras su amigo lo escuchaba con atención.

—¡Dos amantes palomitas, penan, suspiran y lloran
y en viejos árboles moran, a solas con su dolor!
¡Larai, larai!

Con un vozarrón desafinado, todavía producto de la adaptación a esta existencia limitada, Tlanté cantaba voz en cuello una canción quechua que tenía en la memoria. Estaba programada dentro de lo que fue su entrenamiento para ingresar a las experiencias terrestres y que en esos instantes relacionó con otros eventos que pudo presenciar, gracias a sus capacidades atemporales:

—Se parece a otra historia de palomos que sucederá más adelante en otro continente... ¡Ojalá no tenga el mismo final! ¿Cómo se llamaba? Mmm, ¿eran italianos?, ¿o ingleses? Ojalá esta historia no termine como la futura.

Tlanté volvió a cerrar los ojos y con un leve movimiento de la mano adelantó brevemente el tiempo, siempre en eventos del pasado.

Se encontraron en medio de una gran algarabía, todo el pueblo estaba reunido en la explanada de la ciudadela. Los rostros de los participantes reflejaban disgusto y levantaban sus lanzas en señal de insurrección contra el sapa inca. Era una protesta ciudadana dispuesta a todo. Quilla no salía de su asombro por lo que veían sus ojos. Pese a que en su estado atemporal no discernía con claridad los acontecimientos, continuaba como en un sueño participando de este evento extraordinario provocado por las artes superiores de Tlanté. Solo se limitó a escuchar a la primera persona que su mágico amigo detuvo para inquirir sobre el porqué de este alboroto:

—¿No lo saben? Después de que Ollantay se enteró de que sería apartado de Cusi Kuyllúr, y que nuestro sapa inca la llevaría al Templo de las Acklas, sus compañeros guerreros decidieron apoyar este idilio y nos convocaron a todos. Yo también soy guerrero y aquí estamos pues, decididos a no claudicar, hasta que los enamorados se reúnan para siempre.

Y aquí pasó algo extraordinario. Mientras Tlanté recibía esta información, Quilla desapareció de la escena sin que nuestro amigo, en apariencia, notara su ausencia. Es más, una sonrisa cómplice comenzó a dibujarse en su boca al tiempo que seguía atento al relato de su fortuito interlocutor que conversaba sin interrupción:

—... Y, entonces, resulta que cuando el sapa inca se enteró de esta insurrección, se indignó y mandó a tomar prisionera a Cusi Kuyllúr y ha dado orden de que sea arrojada a la caverna de la muerte y sea aislada por una gran muralla...

No acababa de decir estas últimas palabras cuando de en medio de la multitud una mujer rolliza, envuelta en un gran poncho colorido, que había estado atenta a la conversación sin perder detalle, se abalanzó sobre Tlanté y tomando su brazo se inclinó hacia su oído en actitud de confidente, puso cara de «a que no sabes» y casi en susurro le dijo:

—¿Sabías que ella estaba esperando un bebé de Ollantay? Y esta guagüita[5] acaba de nacer, ¿qué le parece, eh? —el guerrero la hizo callar de inmediato mientras su rostro se encendía

[5] Guagüita: Término con el que designaban a un bebé.

todo colorado—. No debería haber dicho esto... qué va a pensar el forastero...

Pero no pudo ocultar la verdad y terminó por confesar que el castigo a la enamorada era peor de lo que se pensaba: ilban a arrojar a madre e hija juntas a la caverna de la muerte! En realidad, había sido esa decisión la que detonara el que este levantamiento fuera hasta las últimas consecuencias y ya no hubiera vuelta atrás.

Quilla, desde su encierro, miraba por un ventanuco tallado en la pared de piedra la batalla que se llevaba a cabo entre los guerreros de su padre, comandados por Rumiñahui,[6] su mano derecha, y los guerreros del pueblo a cuya cabeza estaba su amado Ollantay, mientras abrazaba con ternura a su hijita, a quien había puesto el nombre de Ima Sumac,[7] por lo hermosa que era. Sí, Quilla había entrado en sus memorias y en el tejido del tiempo, para vivir nuevamente un episodio ocurrido en otro escenario de su existencia, tal vez para recuperar o sanar recuerdos para una experiencia futura. ¿Habría sido Tlanté quien le proporcionó esta oportunidad? O tal vez ella misma la habría provocado cuando le expresó sus inquietudes a su amigo.

Cusi Kuyllúr estaba dispuesta a todo. Este acto cruel de su padre había echado por tierra la obediencia que tenía hacia él hasta poco tiempo atrás. Ese aire despectivo que mostraba cada vez que se dirigía a ella y su rigor para reglar su vida, endurecido por la rabia de haber perdido a su mujer al nacer Cusi Kuyllúr, poco a poco habían ido minando sus sentimientos amorosos y no solo descargó su frustración en su hija, sino que también afectó su comportamiento con su pueblo. En medio de su dolor, sentada en un rincón de esa prisión fría y húmeda, a la espera de su castigo, ella sentía un cierto frescor de libertad y

---

[6] Rumiñahui: Paso de pulga. Nombre quechua.
[7] Ima Sumac: ¡Qué hermosa! Nombre quechua.

reconoció que le gustaba. No le importaba si ganaban o perdían en esta gesta, había tomado su decisión, su opción de pensar por sí misma, decidir y optar por su libertad y la de sus congéneres, por el poder del amor. Si tenía que morir, también sería su elección pues serviría de ejemplo a otras mujeres de la ciudadela.

Ensimismada en sus pensamientos no se dio cuenta del paso del tiempo, hasta que al sentir ruido fuera de la celda y el inmediato chirriar de la puerta al abrirse la volvió al instante a su realidad para ver la figura de su amigo Piquichaqui recortada en el dintel. Le traía una buena noticia.

—Ollantay ha vencido, querida Cusi Kuyllúr, el sapa inca ha muerto en la batalla..., lo siento, pequeña —agregó como para suavizar la situación—. Pero tenemos nuevo sapa inca y él ha perdonado a todo el mundo, así que estás libre para reunirte con tu amado y juntos criar a la bebé.

—Ima Sumac se llama —fue lo primero que se le ocurrió decir, estaba tan impactada que no podía hilvanar sus ideas—. ¡Entonces soy libre y mi hija vivirá! —exclamó una vez recuperada y sintió cómo su corazón latía con fuerza, luego se levantó del suelo y corrió a abrazar al joven, quien casi pierde el equilibrio al recibir a la madre que estrechaba contra su corazón a su hijita.

Pasado el momento de recibir estas noticias, Cusi Kuyllúr se dio cuenta de que tenía sentimientos encontrados, su padre había fallecido y al mismo tiempo ella había sido liberada de la muerte. Se detuvo unos instantes para evocar los momentos felices de su infancia, para darse cuenta de que todos ellos tenían que ver con quienes la habían rodeado, amigas, cuidadoras, tíos y tías que la cuidaron en los paseos y cuando estuvo enferma. Sus queridos animalitos, sus aventuras en las montañas y los chapoteos en el río cuando lograba escaparse y alcanzaba las riberas del Urubamba, luego de un buen descenso por el camino de piedras. De su padre poco sabía, no tuvo tiempo para ella y las pocas veces que compartieron fue para saber sobre su comportamiento o para algún ceremonial. Siempre fue un hombre frío, adusto y callado. En realidad, nunca lo conoció y pese a que no pudo desarrollar un vínculo afectivo, un par de lágrimas cayó sobre la manta que cubría a Ima Sumac. Sintió compasión por ese ser que seguramente no fue feliz en su vida familiar, ni en su reinado.

Ollantay, quien acababa de llegar, la rodeaba con sus brazos para darle consuelo, sabía que no era fácil afrontar estas noticias, así que, aún cansado y con algunas pequeñas heridas en el cuerpo luego de esa ardua pero corta batalla, la condujo hacia un vergel para que descansara recostada en la hierba fresca, frente a un sol suave en su despedida arrebolada del atardecer. Cusi Kuyllúr se durmió agradecida...

Tlanté marchaba a paso rápido y suave. Se deslizaba por el camino, parecía flotar, aunque solo en apariencia. Si bien manejaba tanto la levitación como el vuelo a ras del suelo, aquí en la Tierra solo quedaba la costumbre, pero no el impulso. A menos, claro, que tuviera que activar ese poder en caso de que necesitara ayudar a otros. Pensaba cuánto de las enseñanzas de sus compañeros estelares ya habría aprendido esta gente. Como era esto de «caminar la tierra», para que así la Pachamama los acogiera y los llevara, sin cansancio. Recorrer grandes distancias fuera del tiempo, con alas en los pies, protegidos y, sobre todo, él sabía cuán fácil resultaba esa práctica. Para ello solo se requería respeto y amor. Recordaba cuál había sido la lección a esa chilena del siglo xx, cuando doña Julia, esa atacameña de noventa años, le enseñó la fórmula y comenzó a reír a carcajadas al aparecer la escena en su visor interno. Julia apenas empinada en el metro cincuenta recorría la senda desértica con un gran hato de leña que triplicaba su tamaño subido a la espalda, y la joven de la ciudad, alta, pegada a sus talones, trataba de imitar su paso corto y veloz...

Conversaciones en cualquier tiempo

—¡Señor Tlanté! —gritaba Quilla mientras corría desaforada para alcanzar su paso, cuando lo divisó bajando por el camino de piedra hacia la parte baja de la ciudadela—. ¡Espéreme! Tengo que contarle algo impresionante que me sucedió... ¡Yo soy Cusi Kuyllúr!, no me lo va a creer, me liberé, estaba en una prisión, los guerreros de Ollantay ganaron y el nuevo inca, porque mi padre murió en la batalla, me perdonó, me reuní con Ollantay y después hubo paz y tengo una hija, se llama Ima Sumac, pero ahora no la tengo conmigo, no sé bien por qué, parece que me quedé dormida, ahora estoy despierta y no entiendo nada.

Las palabras se atropellaban en su boca en tanto lograba alcanzar a su amigo forastero, que a estas alturas se había convertido en su guía.

—Calma, Quilla, ya estás aquí, detente —dijo, aunque fueron palabras que se llevó el viento cuando la niña pasó casi volando al lado de Tlanté y este alcanzó apenas a tomarla por el poncho para detener su loca carrera que amenazaba terminar muy mal al final de la ruta en bajada.

—¡Gracias, señor Tlanté! Si no hubiera sido por usted no sé donde habría ido a parar, se me fueron los pies, je je. ¿Se fijó en todo lo que me ha pasado, verdad? ¿No es increíble?

—Sí, increíble —respondió Tlanté con cierta parsimonia, al tiempo que tocó de manera disimulada la frente de Quilla—. ¿Me decías, Quilla?

—¿Le decía qué? —fue su respuesta. Había olvidado por completo los eventos vividos, en la magia de su guía, que tenía sus razones para hacerle pasar todas esas aventuras—. Sí, pues, le contaba de esa historia de Ollantay —continuó hablando Quilla, como si nada—, ¿verdad que es bonita? Pero demasiado triste, no quiero que pase algo así. Si de mí depende lucharé por mis derechos —y continuaron su paseo por la plaza central.

Como si nada supiera, él se limitó a seguir su relato.

—Pero niña, tu padre es un gran ser, un buen padre y un excelente gobernante... Te quiere mucho. No sé por qué hablas tanto de reivindicar, además cuentas con mi apoyo y el de tu abuela para que puedas salir adelante con tus sueños.

Si pudiéramos observar al sabio, veríamos que, como siempre, tenía las manos en la espalda, pero esta vez sus dedos índice y medio estaban cruzados. Claro, él ya había visto el futuro y murmuraba para sí:

—Eso sí, no será tan pronto y todo dependerá de ti, querida amiguita... —luego miró a la joven y le dijo—: Te ayudaré, Quilla, convenceré a tu padre para que vivas con tu abuela en el huaccha.[8] Ella sabrá cuidarte y vivirás en tu propia casa, pero recuerda, solo el perfecto equilibrio en los actos armoniza las situaciones.

—"¿Sabes cuál fue la clave de esta historia? —continuó el sabio mientras se dirigían al lugar donde ella se establecería según la promesa recién hecha—. La fe, que es la certeza de lo invisible, esa que tuvo Ollantay cuando, determinado a actuar hasta las últimas consecuencias, invocó a lo alto por justicia... Y, pasando a otra cosa, dime, ¿tú también tienes un enamorado?

—No, al menos que yo sepa, pero ese no es el punto. Insisto en la necesidad de mi libertad de opción y la recuperación de los ritos verdaderos, ancestrales, basados en el principio del amor y no en el miedo como parece ser el detonador de la forma de llevar a cabo los ceremoniales actuales. Pero, igual, gracias, señor Tlanté, por su protección... sabía que mis oraciones se-

---

[8] Huaccha: Poblado, lugar de casas.

rían escuchadas —de pronto tomó conciencia de las palabras de su guía sobre una casa, ella no tenía ninguna vivienda... ¿De dónde habría sacado esa idea? No alcanzó a preguntarle, estaban llegando al huaccha.

En el último tramo del camino, Tlanté sintió necesario advertirle a Quilla sobre la presencia de fuerzas oscuras que estaban presentes desde el principio de la vida en la Tierra y que habían sido ellos quienes dispusieron los sacrificios humanos y de animales. Que su padre no tenía la culpa de ello, salvo que en su papel de gobernante no se atrevió a abolir esa tradición por temor de atraer malas consecuencias para su pueblo. Bajo la apariencia de benefactores, incluso dentro del mismo sacerdocio, estaban infiltrados los emisarios de ese poder, para convencer a los pueblos sobre las ventajas de esos rituales con el objeto de agradar a las fuerzas de la naturaleza.

En realidad, los beneficiados eran ellos mismos, porque en cada ocasión donde el miedo era invitado, ellos usaban esa baja vibración, se alimentaban de ella y adquirían un mayor poder y dominio sobre esta forma de vida. Quilla escuchaba asombrada que lo que ellos llamaban dioses no eran tales, sino seres más avanzados llegados de otros lugares del universo, e incluso del futuro, como le explicó Tlanté. Fueron quienes crearon los modelos genéticos para habitar este planeta. Había tantos, buenos y leales al gran plan creador, como otros destructivos, desprendidos voluntariamente del origen. Que efectivamente el Gran Hacedor del Universo, el Gran Arquetipo Creador existía, aquel que los humanos llamaban Dios, pero no calzaba con la idea humana que se tenía de su presencia. Que el universo estaba compuesto por miríadas de formas de vida, por grandes creadores de universos, y que también los seres que habitaban vehículos humanos tenían esa misma facultad.

—Somos partecitas de Dios. Y Dios es parte nuestra —afirmó—. En esta condición estamos limitados a causa de nuestra densificación. En algunos hay más de Dios, cuando los actos son de amor, y menos de Dios y más de nuestra densidad, cuando los actos nacen del miedo.

Con razón sentía tanto rechazo a esa costumbre, reflexionaba la joven. Hubo muchas de sus explicaciones que no entendió en absoluto, pero le bastó con la confirmación de que debería dar batalla para terminar con tan vil práctica. Ya no era una lucha solo a favor de sus congéneres, se había extendido a todo el pueblo.

La información llegó hasta ahí, pues acababan de llegar al sitio elegido por Quilla para su futuro hogar.

¿Magia o ciencia estelar?

—¡Bien! Comenzaremos a construir tu casita. Vamos, Quilla, ayúdame a recoger piedras para los muros —indicó Tlanté a la joven que lo miraba con asombro.

¡Cómo iba ella a trasladar piedras, son tan pesadas!

—Amigo, mejor voy a buscar paja para el techo, ¿sí?

—Pero si ya no falta mucho —respondió el sabio, disimulando una sonrisa mientras acumulaba con gran esfuerzo unas cuantas piedras para levantar la primera muralla. Al depositar la última se fue de bruces al suelo junto con la roca. Claro, nuestro héroe no estaba acostumbrado a esta forma de crear, pero por Quilla haría todo lo que fuera posible, era su primera tarea que le había salido al camino, desde su condición humana.

—¡Cómo que no falta mucho, recién acaba de juntar tres piedras y yo no tengo suficiente fuerza para cargarlas! Y, además, ¡se cae al primer intento! —reclamó la ñusta, mientras se dirigía, sin esperar respuesta, a recoger el material para el techo. No estaba segura de sus resultados, veía a su guía complicado con sus limitadas capacidades físicas y eso de construir una casa parecía una misión imposible. Sin embargo no quería decepcionarlo y por ese motivo continuó con el propósito de ayudarle dentro de su escaso poder, dada la fragilidad femenina de sus quince años.

Nadie vio los sucesos que acontecían en esos instantes, justo en el lugar donde se edificaría el nuevo hogar de Quilla. Por casualidad los pocos testigos de la faena se habían alejado y Tlanté estaba solo. Levantó la mano derecha al tiempo que susurraba unas extrañas palabras y la escena fue cubierta por una poderosa energía radiante, velando completamente lo que ahí ocurría.

—¡Esto no es trampa! —se dijo para justificar el extraño rito que acababa de realizar—. Y puedo ocupar mis poderes para ayudar —insistía como para darse ánimo, ya que era su primera gran obra en esta forma de vida y no sabía qué produciría en la gente cuando vieran sus resultados.

En la medida en que la bruma luminosa se disipaba, comenzó a aparecer en medio del paisaje una hermosa vivienda de piedra, con techo de barro y paja, tal cual eran las construcciones del lugar. En un abrir y cerrar de ojos se corrió la voz en el pueblo de esta extraña aparición y varios curiosos se hicieron presentes para observar e incluso acercarse con cuidado para tocar esa nueva obra. Estaban impactados y sin poder entender qué había sucedido. Guardaban silencio a la espera de que el invitado del sapa inca les diera alguna explicación, pero nada de eso ocurrió. Tlanté dejó que ellos mismos buscaran en sus archivos de memoria esa información. Era necesario que nunca se olvidaran completamente de los poderes escondidos en su herencia, para que algún día pudiera ser trasmitido a futuras generaciones desde lo invisible, pero real, que ellos eran.

Quilla se había alejado lo bastante como para no enterarse de la batahola que se había producido en torno a su futuro hogar. Descubrió una laguna pequeña, bordeada de «colas de zorro»,[9] material ideal para combinar con el barro y dar más firmeza al techo. Luego de haber cortado unas cuantas varas, previo permiso a la planta, se recostó en medio de la vegetación para contemplar el cielo vespertino y reflexionar sobre sus próximos pasos en su lucha por cambiar las costumbres trastocadas de su pueblo. ¿Cómo era posible que su padre siguiera apegado a esa deformación de los rituales, hecha por aquellos del inframundo hacía ya bastante tiempo? Tal vez tenía miedo del poder de esos, otrora, desviados guardianes de la sabiduría, que habían llegado a usurpar el poder con oscuras intenciones de dominio. Además de subyugar al pueblo, habían retirado el equilibrio del justo gobierno al relegar a la mujer a un mínimo de participación y condenarla al sacrificio, con el fin de agradar a los dioses y a los poderes de la naturaleza.

La ñusta no sabía hasta qué punto había acertado. El miedo era el poder usado por esos guerreros de la oscuridad, pero no solo había afectado a los soberanos, que reinaron bajo ese poder oscuro, una vez instaurado sus dominios, sino que formaba parte del plan de destrucción que crearon para alimentarse de esas bajas frecuencias, pues era la única forma de permanecer vigentes. Así, bloqueaban cualquier atisbo de rebeldía o de sentimientos de alto potencial como los de amor, pues mientras haya miedo no puede haber amor, y este queda entonces relegado a su mínima expresión.

Efectivamente, su padre tenía miedo de que su hija fuera el blanco de la ira de esos siniestros guardianes si él decidía cambiar algo de las tradiciones instituidas por ellos, entre las que se

---

[9] Cola de zorro: Planta acuática nativa de América del Sur.

encontraba el sacrificio humano. El gobernante esperaba que si Quilla entraba como virgen del sol, estaría protegida, pues los sacrificios en general habían disminuido en gran medida y gracias a su intervención, solo se hacían como forma de castigo ante un gran descalabro provocado de manera intencional, y eso nunca sucedería con su hija. Al menos así lo creía.

No bien se acercaba al poblado, luego de su apurado regreso al ver que pronto anochecería, divisó a una gran cantidad de gente agolpada en torno a la que debería ser su casa.

—Claro —pensó en voz alta—, no sé cuánto tiempo más se necesite si es que Tlanté logra algún día terminarla —y apuró el paso hasta correr cerro arriba, preocupada al pensar que podría haber pasado un accidente... tal vez a Tlanté le dio un soponcio con tanto esfuerzo, o le cayó una piedra en el pie, pero no.

»¡Por Viracocha! ¿Qué es esto? —gritó la joven. Su atado de ramas cayó de sus manos, para quedar esparcidas en desorden por el suelo.

Su casa estaba allí, imponente. Desafiaba la razón al formar parte del paisaje urbano como si siempre hubiera estado en ese lugar. Sin articular palabra y su boca a medio abrir, no lograba salir de su asombro hasta que su guía estuvo a su lado para tranquilizarla.

—No es magia, es manifestación extraída de la realidad que existe en lo invisible —le dijo, satisfecho, como si ella fuera a comprender sin mayores explicaciones.

—¡No entiendo nada! ¿De qué me habla, señor Tlanté? ¡No es posible construir una casa en tan corto tiempo! —reclamaba Quilla sin dar crédito a sus ojos.

El sabio solo se limitó a decir:

—Algún día tú también podrás recordar y hacer algo semejante, se llama «precipitación» —luego la tomó suavemente de un brazo y la llevó a su nuevo y flamante hogar.

Aún algo perdida en sus emociones, la joven ñusta recorrió su morada, extasiada por lo hermosa que había quedado. Destacaba por sobre todas las cabañas del entorno por la perfección de sus muros y el techo finamente diseñado de paja y barro entrelazado como un tejido verde y ocre. En su interior la luz que entraba por los dos ventanucos iluminaba el amplio espacio alhajado con muebles propios de su rango de princesa. Frente a los hechos, terminó por ceder y aceptar que algo maravilloso había ocurrido en su vida. Decidió olvidar cómo había sido construida para quedarse con el recuerdo de las palabras que acababa de oír de parte de su guía. Tal vez algún día terminaría por saber. Ahora era el momento de reunirse con su abuela, tendría mucho que contarle.

Mama Cuna la esperaba junto al fogón para comunicarle que su padre, el sapa inca, había dado la autorización para que, siempre que fuera bajo su cuidado, pudiera vivir apartada de la tutela paternal, mientras se decidía a entrar al Templo de las Acklas, que sí o sí sería su morada final. Absolutamente ajena a las palabras de su abuela, y pensando que no era el momento de preocuparse por esos temas, Quilla esperaba la oportunidad para lanzarle la noticia, pero como esta no venía, terminó por interrumpirla. Las palabras se atropellaban en su boca, sin pausa, para contarle que ya tenía casa, que el señor Tlanté se la había construido con tres piedras, que ella fue a buscar paja, que cuando llegó la dejó caer, que la sacó de lo invisible según le dijo su amigo y guía, que era grande y firme, que la había tocado para ver si se caía, pero no, y que ella entendería algún día todos los hechos que, desde luego, Mama Cuna no creyó ni por un segundo. La noche las sorprendió en plena conversación. Que si sí, que si no, que no contara mentiras, que te juro que es verdad, que mejor regresas a casa. Quedaron de encontrarse a la mañana siguiente.

Comienzo de una historia sin tiempo

Su primer amanecer en casa fue espectacular. El sol la despertó con sus primeros rayos que entraron directamente a su lecho y el calor había activado el perfume de la rica rica[10] que había puesto en la habitación para despejar el ambiente. Hoy era el día clave en que se reuniría con su abuela para planificar su educación y responsabilidades. Un olor a leche fresca caliente y a tortilla recién salida del horno, proveniente de las casas vecinas, la impulsó a saltar de la cama y armarse su propio desayuno a la espera de su querida tata.

Mama Cuna se levantó muy temprano esa mañana pues era el día en que tomaría a su cargo a su querida nieta, así que con paso rápido se dirigió hacia el lugar del huaccha donde Quilla le había dicho que la esperaría. Se la imaginaba sentada en una de las piedras que su amigo forastero le habría colocado como base para la futura construcción de su morada. Le llevaba unas tortillas por si no hubiera alcanzado a desayunar. Al dar vuelta en una esquina, se detuvo en seco, frente a ella se erguía una hermosa vivienda, justo en el sitio en que la ñusta le había indicado se iniciaría la construcción. Luego del impacto al ver la casa de su nieta y darse cuenta de que todo había sido verdad, imposibilitada de razonar al respecto, Mama Cuna, al igual que Quilla, terminó por aceptar que había cosas que era mejor ignorar, y decidió entrar a reunirse con su niña amada.

—Mi querida Quilla, me gusta verte feliz, pero también debo ocuparme de tu educación y en eso no transo. Eres noble y tienes responsabilidades, te debes a tu pueblo y como

[10] Rica rica: Planta muy aromática, medicinal, que crece sobre los tres mil metros de altura en ciertos lugares de los Andes.

eres inteligente lo comprendes, ¿verdad? —dijo la abuela, quien se había hecho presente justo cuando la ñusta terminaba de calentar su leche de cabra y ya la esperaba sentada junto al fogón. Había iniciado el diálogo, directa y precisa.

—Sí, abuela, sí, como tu digas —respondió sumisa, mientras saboreaba una tortilla de las que le había traído su tata.

Entusiasmada ante la sumisión de su nieta, Mama Cuna continuó con su arenga:

Deberás cumplir con las tareas propias de tu rango, pero en tu condición de mujer inca, obediente, silenciosa y...

A estas alturas, Quilla ya no la oía, tal vez nunca la escuchó en realidad. Terminó de saborear su tortilla y comenzó a rebatir dulcemente las condiciones impuestas por su abuela, tal como si le hubiera puesto total atención.

—Pero, fíjate abuela, si lo vemos del siguiente modo, no es necesario que yo esté internada en el Templo de las Acklas, puedes enseñarme tú y así yo asisto a las prácticas rituales según los horarios.

—No, eso no es posible porque... —la anciana respondía con calma.

Aquellas palabras fueron lo último que alcanzó a escuchar Tlanté de esa conversación cuando se alejaba del lugar, rumbo a lo desconocido, luego de rodear la casa sin que las moradoras se enteraran para saber que todo iba bien.

—Algo me dice que no será como la abuela espera —reflexionaba mientras caminaba, manos tomadas atrás como era su costumbre. Y volviendo su vista hacia la casa de Quilla, a sabiendas de que no lo verían, levantó la mano a modo de saludo—: ¡Hasta pronto, princesa, nos volveremos a ver más tarde! —dijo en voz alta. Sabía que ella tendría mucho de qué ocuparse de ahora en adelante como para pensar en él.

Soledad

Esa mañana, apenas el sol alumbró los sembrados, se levantó para ir a bañarse al río. Aquella era una costumbre nueva que debió adquirir rápidamente antes de que se hiciera conocido también por sus olores. De donde venía no había necesidad de lavarse, no porque fueran desaseados, sino que sus cuerpos eran sutiles y luminosos, producto de la vibración electrónica que habían alcanzado. Pero este hábito le había agradado así que lo adoptó de inmediato. El agua helada le dio nuevas energías y lleno de bríos se dispuso a enfrentar ciertos acontecimientos que ya sabía, lo llevarían a una misteriosa aventura, tal como había sido planeada fuera del tiempo.

Por primera vez sintió la soledad, estado propio de esta dimensión y único lugar donde existe la experiencia de separación. La nostalgia de esa vida maravillosa y verdadera que había dejado para venir en ayuda de un proceso ya en marcha lo invadió en un tono púrpura, el color de la nostalgia divina. Tuvo que sobreponerse. No eran momentos para flaquear, así que recurrió al ánimo que le había dado el frescor del baño, enderezó su columna y cruzando las manos en la espalda emprendió el camino.

Inocentes y no tanto

Historias secretas

En un principio el objetivo de la construcción de Machu Picchu fue ascensional. Los antiguos incas, aquellos que lograron sobrepasar los engaños y errores de esta forma de existencia, debieron alejarse hacia las montañas como forma de preparación final ante los procesos planetarios. Un ciclo de veintiséis mil años estaba cerrándose y era el momento de las aperturas temporales, las nuevas creaciones que determinarían las características de vida (manifestaciones) de las generaciones que habitarían ese nuevo mundo por otros veintiséis mil años. Las dos vías creadoras estaban abiertas, y ahora dependería de ellos. Los que subieron a las altas cumbres de los Andes habían completado su aprendizaje creador en esta forma de vida. Fueron advertidos a través de sus propias potencias activadas.

El resto de la población, impedida por sus propias decisiones e influencias de los mundos oscuros interesados en mantener el dominio planetario, así como su propia subsistencia mediante el acicate del miedo, marchaba por la vía de la autodestrucción. Era un proceso alimentado por ellos mismos en la ignorancia que da una conciencia dormida. Dadas las condiciones de la Tierra en esa época, debieron ser apoyados por los creadores de los envases genéticos o vehículos físicos, que permitirían a los seres-energía originales habitar este mundo limitado. Pero esos creadores, como todo en este campo, se

dividían entre los que servían al propósito original de perfección y amor, y aquellos cuyo interés estaba en el beneficio
personal. Los objetivos de estos últimos era llevar a sus captu-
rados, sin que se dieran cuenta, a tornarse esclavos de sus am-
biciones, bajo engaños de todo tipo. Eso mantendría el dominio
y control de este planeta en sus manos.

A través de los ciclos de creación, estas dos fuerzas siguen
existiendo y así es como desde tiempos lejanos hasta ahora
se repiten eventos parecidos. Estarían nuevamente los que
bregarían y arriesgarían su tiempo de existencia en la materia
para cumplir con el propósito de liberación de las cadenas autocreadas, en tanto la otra polaridad haría todo lo posible para
impedirlo. La luz sembrada en América para devolver el conocimiento del amor sería opacada por los actos crueles, de-
vastadores y egoístas de un plan siniestro que duraría más
de quinientos años, instigados a través de las debilidades humanas. Un nuevo desafío esperaría a quienes habitaran este
continente en tiempos futuros. La siembra de la verdad, bajo
el principio del amor y la libertad había partido miles de años
atrás, para ocultarse en el oriente hasta que, de nuevo, fuera
recuperada por los habitantes de este lado del universo. Eso
sí, en cualquiera de esas oportunidades, quienes asumieran
la tarea deberían, por efecto de la gran ley, estar todos incorporados en vehículos físicos. Viviendo simplemente como
humanos.

Con el paso del tiempo, Machu Picchu se convirtió en una
aldea ceremonial, donde abundaban los templos y lugares de
siembra. Los sitios para reuniones sociales eran escasos, el lugar
cercano de mayor desarrollo urbano era el Cusco, donde en esa
época vivían más de trescientas personas. Un hermoso puente
colgante unía ambos sectores justo al llegar al lugar montañoso.
De otro modo, se hacía casi imposible la entrada por la maraña
selvática que cubría todo camino de acceso posible.

Atahualpa se había refugiado en Machu Picchu por consejo de los «dioses» ante las advertencias de peligros cercanos.

Dificultades humanas

Esta vez, Tlanté se dirigía al Cusco. Sabía perfectamente a qué se expondría, pero debía seguir su plan.

—Desde los Andes bien amados, tú irradias, oh Meru, transformando a los seres en un sol, centellante de luz, oh Meru.

LARAI LARÁ. OH AYAM

Cantaba a voz en cuello nuestro amigo para amenizar su ruta en busca de su misión.

—¡Aquí vamos, Cusco! —expresó en voz alta y con energía al salir de las fortalezas montañosas de Machu Picchu y tomar la senda que lo conduciría al puente colgante.

No bien llevaba unos cuantos metros recorridos sobre el puente cuando una fuerte vibración remeció el suelo de fibras haciendo tambalear a nuestro héroe, quien tuvo que afirmarse fuerte para no caer. Una tromba humana apareció como un celaje que en cuestión de segundos desapareció al otro extremo de la pasarela dejando una estela verbal:

—¡Shhh... Qué bien! ¡Shhh... llevo una tremenda novedad al pueblo shhh...!

Tlanté recurrió a su guía mental, preparada para comprender todo lo referente a este mundo, y en esta circunstancia especial para saber de quién se trataba este ciclón andante. Descubrió que se trataba de un tokoyrikoks, una especie de cartero o recadero, encargado de transmitir las noticias de un lugar a otro, en un papel parecido al del periodista reportero, aunque estos últimos eran conocidos como chasquis. Aplicaba la fórmula de desplazamiento aprendida de sus ancestros, quienes a su vez la recibieron de sus llamados «dioses» en el principio de los tiempos de la Tierra. Debido a ello, podía deslizarse por la tierra casi sin tocar el suelo y a una velocidad abismal.

Sin embargo, ignoraba que la gran noticia que llevaba el viajero era sobre su persona y que anunciaba su pronta llegada a Cusco. Claro, las acciones, pensamientos y decisiones de los hombres eran impredecibles, podían variar en cualquier instante y producir distintos resultados. Como ser atemporal, era capaz de moverse en el porvenir y comprender que los eventos eran el resultado inmediato de la conjunción de las distintas opciones tomadas por los humanos, siempre en un instante, siempre dentro de la eternidad. Por eso no se enteró a tiempo y no pudo prevenir las consecuencias que tendría ese chisme en los próximos acontecimientos que tendría que vivir. Además, él estaba dentro del olvido, había eventos que ya no podía predecir, solo los que persistían activados en su memoria para cumplir con éxito ese plan perfectamente diseñado desde los albores del tiempo, donde a él solo le competía una pequeña parte.

Diez horas había caminado para llegar a su objetivo. Pese a que sabía cómo vencer la gravedad de la Tierra pisando a la manera alada (amor, permiso y respeto), la falta de práctica en recorridos tan extensos dentro de su condición humana cobraba su precio. Estaba al límite de sus fuerzas.

—¡Ayayaicito, qué viaje más largo! ¿Por qué no me tocó ir al siglo xx o xxi? Un jeep es un buen vehículo... ¡Esto de usar mis poderes solo para ayudar y tan pocos que tengo para mi propio uso! —reclamaba para sí Tlanté, al tiempo que llegaba a una explanada en medio de construcciones ciclópeas.

Corrió a sentarse de inmediato en la primera piedra adecuada que encontró y procedió a masajear sus adoloridos pies. Había llegado a Sacsayhuamán, un lugar donde otrora habían ocurrido eventos que aún estaban guardados para el común de sus habitantes actuales, hasta que ciertos aprendizajes fueran alcanzados.

Observaba esos enormes muros de piedra ejecutados con una precisión asombrosa; cada pieza diseñada con gran perfecció, encajaba en diseños caprichosos para no dejar ningún espacio entre ellas. Parecían hechos de una sola pieza, tan distintos a las otras construcciones más recientes que había descubierto en el trayecto hacia Cusco, aunque similares a algunas de las edificaciones de Machu Picchu. Él sabía de qué se trataba, así como su historia milenaria, pero igual admiraba el trabajo.

—Hay esfuerzo en ello, aunque el hecho de que hubieran sido tratadas con energía lumínica y otras técnicas les facilitó estas tareas —pensó en voz alta. Desde que él experimentó los afanes de la vida diaria de esta forma de vida terrestre, le impresionaba más todo lo que involucrara cansancio y lucha.

—Tal vez nunca debí meterme en este compromiso... Si hubiera sabido qué significaba entrar a vivir en medio de tanta limitación y olvido... Todo aquí requiere vencer dificultades para lograr algo, y eso de entrar en el tiempo-cronos es parecido a una prisión. Podrían haber considerado mejor esta operación y dar esta oportunidad al gigante Boreo, uno de mis hermanos estelares. Seguro que él, con su tamaño, habría cubierto este trecho en minutos, y sin cansancio —dijo el viajero continuando sus reflexiones con cierto dejo de arrepentimiento, aunque sin dejar de mirar esos murallones—. Además, estos monumentos parecen haber sido levantados para seres como él, capaz que hasta se habría sentido muy bien en la tarea.

Su vista se perdió en el horizonte para calcular cuánto le faltaba aún para llegar a su destino, antes de disponerse a calzar nuevamente sus ojotas[1] ya algo gastadas, que sus preparadores le habían entregado junto con su nuevo atuendo antes de bajar y que le permitirían desplazarse sin problemas en esta dimensión. Ya más aliviado, pero sin moverse de su improvisada y dura banqueta, siguió con sus reflexiones.

—Pero, Boreo nunca ha estado en contacto con nada que no sea su universo-esfera... poco podría ayudar en esta labor, vive sin conocer los opuestos, podría confundir el éxito con el fracaso, la alegría con la tristeza y lo peor, el bien con el mal.

Como todo en su reino es perfecto, se dio cuenta casi con asombro de que todas sus reflexiones obedecían a su condición humana recientemente adquirida, y que todas las decisiones tomadas en lo alto eran siempre correctas. Así que armándose de un nuevo entusiasmo decidió ponerse en marcha una vez más. Lo que no supo en esos instantes fue que Boreo estaba más cerca de lo que podría pensar y que pronto entraría a formar parte de esta etapa del plan América.

La posición del sol al final de la tarde dejaba manchas oscuras y alargadas en las enormes rocas. Ese efecto delató la presencia de un par de sombras inquietantes que se deslizaban pegadas a los muros, para no ser descubiertas, a fin de llegar con oscuras intenciones lo más cerca posible del viajero. A su paso ahuyentaron a un par de vizcachas que pasaron veloces por el hueco producido entre la piedra que servía de asiento y las piernas de Tlanté, sobresaltándolo. Tomada ya su decisión de seguir la ruta, se puso de pie y dio por reiniciando el viaje antes de que lo sorprendiera la noche. No alcanzó a percibir el acecho del que estaba siendo objeto, ni de las palabras, dichas en susurro muy cerca suyo:

---

[1]   Ojotas: Calzado indígena hecho con suela de caucho.

—¿Estás seguro de que es él? —dijo uno de los intrusos.

—Sí. Oí al tokoyrikoks cuando hablaba con el apu[2] para recomendar su protección.

Esta intromisión no auguraba nada bueno.

El paisaje vespertino era un derroche de colores irisados, dejados por los últimos rayos de sol en nubes fugitivas que se desplazaban con cierta rapidez ante la premura del viento, que a esas horas asomaba en el altiplano. Una bandada de pájaros buscaba ya sus nidos y la naturaleza del entorno se envolvía en el gris del descanso nocturno. La amplitud del horizonte, desde la altura en que se encontraba Tlanté, dejaba ver un largo camino que bajaba serpenteando hacia el Cusco. Sus casas apenas se dibujaban a lo lejos.

—¡Al fin!, ahora a correr, este trecho será más fácil —se dijo e inició su descenso con la celeridad que le permitían sus cortas piernas.

¡Cuidado, Tlanté!

—¡Vaya, cuánta actividad! —señaló el viajero en cuanto pisó las primeras calles del pueblo abarrotado de paseantes, gente apurada y uno que otro sentado en las gradas del camino, a la espera seguramente de sus sueños o rumiando alguna pena.

Luego del regreso de sus ocupaciones pastoriles, agrícolas y artísticas, incluyendo las actividades de preparación guerrera, sus habitantes dedicaban las primeras horas de la noche a hacer sus diligencias personales, como sus trueques en los

---

[2] Apu: Autoridad inca. Cargo similar al de alcalde.

diversos almacenes y sus especialidades. En la casa de cambios se recibía oro, plata y otros metales menores, a cambio de elementos que requirieran sus clientes; también había quienes deseaban adquirir dichos metales y, en ese caso, llegaban con grandes cantidades de alimentos o tejidos para intercambiar.

—En todas las épocas es igual, los mismos intereses, las mismas preocupaciones, pero en un tiempo futuro para esta humanidad las cosas cambiarán radicalmente y creo que para mejor, bueno, luego de pasar por algunas circunstancias... —pensó nuestro amigo mientras, con las manos en la espalda como siempre, recorría la calle comercial para descubrir un posible lugar donde pasar la noche y saciar el hambre que ya comenzaba a generar ruiditos en su panza.

Al final de la calzada, encaramado en una pequeña elevación del terreno circundada por escalones de piedra, avistó la posada y un poco más arriba estaba el tambo, cuyo significado ya lo tenía en su memoria luego de extraerlo de su guía estelar, el restaurante del pueblo. Este descubrimiento le dio la tranquilidad necesaria para saber que ya tendría dónde descansar y satisfacer estos hábitos nuevos que, pese a las dificultades que le traía en relación con su anterior estado, había comenzado a acostumbrarse. En vista de ello, decidió continuar con su recorrido.

Observó que también las jovencitas acudían en compañía de sus padres o novios en busca de alguna hermosa joya para lucir como compromiso, o simplemente por gusto. En la esquina más cercana a Tlanté, una tienda de géneros y máscaras para ceremoniales era la que más interesados tenía. Dentro de poco tiempo se llevaría a efecto la Fiesta de la Huaraca, donde los postulantes a guerrero se someterían a las pruebas de iniciación y había que comenzar a preparar los atuendos. Le llamaron la atención los diseños de las telas; la mayoría tenía como figura central una cruz cuadrada, de la que emanaban trazos geométricos y guardas, y todas ellas seguían la plantilla de esa cruz. Le recordaba los fractales de creación que, en su universo, permitían expandir modelos perfectos a partir de un diseño primordial.

Se emocionó al descubrir cómo ese pueblo guardaba en su memoria uno de los recordatorios más importantes del universo: esa cruz cuadrada que representaba la vida transitoria en la Tierra, desde la inmortalidad del ser.

—Un instante de vida del infinito que somos —era la frase que habían grabado los Mayores en los vehículos genéticos que habitarían esta parte del planeta... y ahí estaba. Le llamó la atención que en ciertas joyas ese símbolo tenía un hueco circular—. ¿Sabrán algunos su significado? ¡Ese espacio interno representa el infinito, hummm! Cuánto falta aún para que conozcan su origen y descubran qué herencia tan magnífica tienen. ¡Conocerse a sí mismos! Será la clave en el futuro.

Este símbolo sagrado, legado de los Antiguos, encerraba además un conocimiento matemático y geométrico estelar, para regular su vida, su agricultura y la relación entre la Tierra y el cosmos.

En un recodo de la tienda, aquel que daba a una de las calles más oscuras, las sombras que seguían a Tlanté permanecían agazapadas para no ser descubiertas. La luz de un farol que portaba un transeúnte los alumbró por un instante y por fin revelaron su aspecto.

Se trataba de dos hombres mal agestados, uno de ellos era alto, flaco, ceñudo y de gran nariz aguileña, mientras que su compañero era regordete, cabezón y sus ojos parecían salir de su nariz, tan juntos estaban que le daban un aire de poco listo. El curioso dúo no perdía pisada a nuestro amigo y así fue como lo vieron dirigirse al otro extremo del pueblo, como un turista cualquiera, en busca de los lugares más típicos de la zona. Seguido de cerca por sus espías, Tlanté aprovechaba los últimos momentos de cierta claridad antes de que la noche pusiera el alto a toda la actividad del ayllu.[3]

Pura coincidencia

Caminaba a paso rápido y suave; el atrayente sonido cercano de unas quenas y tambores lo guió directo a un sector de grandes casas, cada una con un sello distintivo propio. Pudo observar a mucha gente joven que entraba y salía de ellas, cargada de lanas y de quipus[4] colgados en sus brazos. Desde una sala sin muro frontal, ubicada en la primera estancia, y solo cubierta por un techo amplio de paja y barro, salían las melodías vibrantes que había seguido. Un grupo de músicos interpretaba entusiasta ciertos temas tradicionales que hablaban de soles y lunas y de amores perdidos. Más allá, un gran portón abierto a medias dejaba ver una pista muy lisa, de tierra, totalmente desmalezada, que se prolongaba hasta la base de una montaña, donde apenas se distinguía un madero atravesado en el camino que señalaba una meta.

Poco a poco se fue enterando de los oficios y materias que ahí se estudiaban. Había llegado al barrio «universitario». Al sabio no le extrañaron en absoluto estas actividades. Estaba acostumbrado a desplazarse por el tiempo y conocía perfectamente, en distintas épocas de la Tierra, aquellos lugares donde se concentraban las enseñanzas y preparaciones para asumir

---

[3] Ayllú: Ciudad, pueblo.
[4] Quipu: Cuerda cuyos nudos expresaban un lenguaje; también servían para hacer cálculos.

las responsabilidades que los distintos sistemas de vida imponían a los ciudadanos, con el propósito de llevar adelante el progreso.

Su viaje más reciente había sido al siglo XX, para examinar ciertos acontecimientos que le permitieran desempeñar mejor la tarea asignada para cuando viajara al pasado, y que ahora llevaba a cabo. En esa ocasión, así como en todos sus anteriores viajes, su estadía había sido diferente, no tuvo necesidad de manifestarse en el plano físico, ni tampoco prepararse de la manera en que tuvo que hacerlo en esta oportunidad. En esa otra ocasión pudo manejar todos sus poderes. Fue entonces que logró ver los adelantos en materia de enseñanza a través de los colegios y, especialmente, de las universidades. Se dio cuenta de que todos esos modelos educativos en las distintas épocas solo servían para manejarse relativamente bien en medio de las condiciones culturales y sociales de los sistemas de vida que ellos mismos creaban. Pero había una gran ignorancia respecto a sí mismos y a la verdadera historia de la humanidad.

También se enteró de cómo los errores de quienes gobernaban a los pueblos afectaban negativamente el cumplimiento del gran plan. En su mayoría, la ignorancia o la mala fe permitían que estos dirigentes usurparan o reinterpretaran las claves que, cada cierto tiempo, los Mayores entregaban a la humanidad para guiarla. Estos grandes seres enviaban sus emisarios a la Tierra con la intención de ayudar a sus habitantes a recuperar sus memorias y enseñar el correcto actuar. De ese modo, se esperaba que pudieran recobrar su estado original, salir de sus limitaciones autocreadas y ser felices con el empleo de la frecuencia amor. Era necesario que el planeta Tierra fuera recuperado para las fuerzas de la luz y mereciera formar parte de la gran confederación de universos. Pero estos propósitos quedaban bloqueados, en su mayoría, por la inconsciencia y soberbia de estos dirigentes.

Por eso ahora, por primera vez, su misión fue entrar directamente a esta forma de vida y en una época crucial de preparación para el gran plan que dentro del tiempo futuro-tierra debía cumplirse sí o sí porque, según sus cálculos siderales, le correspondía a América ser el agente detonador.

La casona vecina a la de la música era una biblioteca llamada Poquencancha. En esas instalaciones se albergaba información de todas las materias de estudio. Esta era guardada en quipus separados por colores, más una serie de documentos aún no comprendidos por la población universitaria, así como por sus profesores. Estos quipus eran ordenados, algunos en largas filas y otros, los más cortos, en especie de escalerillas. Los documentos dibujados en piedra, así como los grabados a cincel, estaban distribuidos en habitaciones interiores. Ese material formaba parte de sus ritos sagrados y ceremoniales mágicos. Tlanté recorrió el recinto, se detuvo por un buen rato ante los archivos ancestrales de las salas más alejadas. Pudo interpretar con facilidad su significado. Ese pueblo estaba lejos de comprender cuánta ciencia había estado disponible en aquella época primaria en que la tierra, por primera vez, fue habitada.

Un poco más lejos se ubicaba el aula de matemáticas y astronomía y frente a ella, la Escuela de Periodismo, que en ese entonces se conocía como Academia de Chasquis.[5] En la primera, las clases se repartían en tres frentes. Astronomía se estudiaba al aire libre y siempre de noche. Para ello, subían a montañas o se reunían en enclaves rocosos, donde podían armar ciertos observatorios con objetivos específicos, destinados a regir hábitos agrícolas o interacciones estelares. Las matemáticas eran tratadas dentro de la sala y se dedicaban a aprender

[5] Chasqui: Término dado al responsable de transmitir las noticias de gobierno a través del Tawantinsuyo. Equivalía al periodista de hoy.

el uso de los quipus y sus cálculos por medio de nudos y distancias. Usaban planchas de tierra para ensayar trazados y signos relativos a distancias siderales. Y la tercera actividad comprendía el aprendizaje de los rituales sagrados, como el Amarre del Sol o Intihuatana, donde era necesario conocer ciertos cálculos estelares para saber cuándo y cómo realizarlos. Esta última materia era entregada por los amautas, los sabios del pueblo, más conocidos hoy como profesores.

Cuando entró a la Escuela de Chasquis, situada al frente, fue recibido por el relacionador público, quien le dio la bienvenida y lo invitó a visitar las dependencias de clases.

—Es un agrado tener a tan ilustre personaje en nuestras instalaciones, nuestros alumnos ya habían sido informados de su presencia. Para que vea usted cuán excelentes son nuestras redes comunicacionales —le decía con extrema amabilidad su reciente anfitrión.

En el interior, los alumnos anudaban quipus con una rapidez extraordinaria. Se trataba de las noticias más importantes de la jornada y una vez transmitidas serían guardadas en la sala de archivos.

Los chasquis estaban encargados de comunicar las informaciones al estilo de los reporteros en viaje. Al igual que los tokoyrikoks, ellos debían recorrer grandes distancias en el menor tiempo posible. Para ello, disponían de campos de entrenamiento como el que Tlanté había visto al llegar, a través del portón entornado, y fue allí hacia donde se dirigieron para observar a un grupo en acción. En esos momentos, el entrenador daba las últimas indicaciones para que los alumnos emprendieran la carrera hacia la meta señalada al pie de la montaña.

—No olviden jamás que los pasos deben ser suaves y deslizantes, sin llevar la atención a los escollos del camino, sino al objetivo primordial que los mueve.

Emocionado, Tlanté pudo comprobar cómo ellos habían sabido guardar enseñanzas importantes de sus ancestros, como fue el correcto «caminar la tierra». Sin embargo, había ciertos ajustes que hacer. Pidió permiso al profesor para dar unas pequeñas sugerencias que beneficiarían su entrenamiento y este aceptó de inmediato.

En cuanto el profesor ordenó a sus alumnos prestar atención al visitante, Tlanté, impregnado del espíritu soberano que lo henchía de gozo cada vez que tenía que entregar sus enseñanzas, no se fijó en la pequeña zanja que separaba a los observadores de los corredores y cayó, tan corto como era, ante la mirada atónita y algunas risitas de los estudiantes que no entendían cómo alguien que iba a darle una lección sobre el correcto andar comenzaba de esa manera. Pero Tlanté, muy digno, antes que su cicerón y el maestro alcanzaran a recogerlo, se levantó de inmediato, enderezó su cintillo alrededor de su sien y exclamó fuerte y seguro:

—Señores, futuros chasquis, he comenzado con un ejemplo claro de lo que sucede cuando no se respeta a la Pachamama. Es entonces cuando sobrevienen los accidentes o el agotamiento por tratar de vencer distancias, sin respetar la tierra —dijo, contento por su forma de arreglar la situación, a la vez que se reprochaba el olvidar a menudo que sus capacidades en este mundo no funcionaban y que debía hacer como predicaba, caminar cumpliendo con la ley del amor, tal como se estilaba aquí, inició su plática. Los jóvenes, sorprendidos ante ese ejemplo que habían creído un traspié, pusieron toda su atención en el viajero, dispuestos a escucharlo no sin cierta admiración—. Es necesario caminar la tierra con respeto, deslizándose suavemente por ella como pidiendo permiso a cada paso, entonces la Pachamama te acoge y te lleva, te libra de accidentes y te protege, es cuestión de amor. Si siguen estos consejos, ustedes podrán recorrer cientos de kilómetros a mucha velocidad, sin cansarse, ni temer por choques o contratiempos, serán transportados sin daño y en perfección... En el Tibet existen unos monjes, los gompas —continuó— ellos, al igual que ustedes, recorren grandes distancias como si no tocaran el suelo que pisan, se deslizan con la vista fija en la luz que desde su cerebro los conecta con la fuerza superior.

Aquí los muchachos quedaron sin entender.

—¿Qué es Tibet? —se preguntaban entre ellos y el sabelotodo del grupo respondió de inmediato—: ¡Cómo que no saben! Es el nombre del ayllú que está cerca del mar.

—Ahhh, yaaa —dijeron los otros a coro y todos quedaron muy conformes.

Poco después el forastero se despidió de sus ocasionales amigos para seguir su marcha. Dejaba atrás un bullente grupo de seres que representarían todo un proceso histórico importante, aunque ellos aún no lo supieran.

Entre amigos y enemigos

Apenas alcanzó a visitar Coricancha.[6] La noche ya había caído y si no hubiera sido por la buena disposición del guardia bonachón que lo dejó entrar cuando ya procedía a cerrar las puertas del recinto, se habría perdido la oportunidad de ver los jardines del Inca. Sería el único momento de solaz que tendría de aquí en adelante.

---

[6] Coricancha: Palacio del sapa inca. Considerado el Templo del Sol. En él estaban los jardines del inca, donde había figuras en oro y plata.

—Esta maravilla pasará a la historia como una codiciada joya precolombina, sus figuras de oro, zoomorfas y humanas, despertarán en un futuro cercano la codicia del hombre... y también el dolor y la iniquidad —reflexionó Tlanté al contemplar esas enormes esculturas forjadas en el metal precioso—. No podía ir a dormir sin antes conocer este lugar sagrado, cuyo significado nunca sería comprendido a cabalidad... Entonces, interrumpió sus reflexiones, algo no estaba bien en el lugar, sintió que alguien estaba detrás suyo, al acecho. Buscó entre las columnas, recorrió la galería y las salas aledañas, pero fue en vano. Todo era silencio y soledad. Sin embargo, no estaba equivocado. Una vez más, envueltos en las sombras, los dos hombres misteriosos lo habían seguido hasta ese lugar.

El centro del pueblo estaba en calma, los negocios habían cerrado y luces mortecinas apenas alumbraban las calles cuando Tlanté llegó de regreso de su paseo, dispuesto a retirarse a descansar a la posada. Pero al pasar por el tambo recordó que no había probado alimento y que sus tripas le reclamaban desde hacía ya bastante tiempo.

—Creo que merezco un buen vaso de chicha sin fermentar, un rico sancú y una conversación con los lugareños. Entraré de una buena vez y después ia dormir como angelito!

La taberna estaba llena de comensales, era la hora de platicar sobre los temas del día y distraerse de los afanes antes de ir a descansar.

—iMira, aquí viene el famoso Tlanté, el viajero amigo del sapa inca! —dijo uno de los huéspedes a su compañero de mesa, señalando con la mirada al recién llegado que avanzaba buscando un lugar desocupado donde sentarse.

—iInvitémoslo! —respondió de inmediato su amigo.

Las noticias volaban rápido, todos en el lugar estaban al corriente de quién era el forastero. El dueño del tambo, mientras secaba un plato, tenía pensamientos alegres:

—Le dará categoría al lugar.

—Parece ser el viajero que tiene poderes, ¿será verdad que viene a ayudarnos? —cuchicheaban otros.

—¡Ey, hermano! Véngase a tomar una chichita con nosotros —le invitó el primer comensal que reparó en su presencia.

Tlanté no se hizo del rogar y de inmediato accedió a compartir con los dos compañeros. Algo le había llamado la atención en ellos. Se veían muy serenos y amables en contraste con la algarabía que tenían los demás clientes.

—Yo soy Tlanté —se presentó en cuanto se acercó a ellos.

—Me llamo Kuntur y soy amauta. Gracias por aceptar nuestra compañía, sabemos que usted es extranjero y tendrá hartas cosas que contar —expresó el personaje de más edad, al tiempo que le ofrecía un asiento a su lado.

—Me dicen Waman y soy chasqui —se presentó a continuación el más joven, quien lo había llamado voz en cuello.

Desde un principio los tres sintieron una confianza mutua, como si se conocieran desde antes. Así fue como la conversación giró al instante hacia temas profundos, cuyo principal orador era el recién llegado, mientras ambos hombres lo escuchaban con atención.

Tanto era el interés de los temas tratados que no advirtieron que en la mesa vecina dos pares de oídos estaban muy atentos a la conversación. Eran, nada menos, que los extraños individuos que, desde Sacsayhuamán, habían seguido a nuestro héroe hasta el tambo.

—... Y dices aló y te contestan de inmediato por allá lejos sin que tengas que gritar, algo así como las señales de humo, pero más fácil. Son unos aparatos que llaman teléfono, también hay unos más chicos, son los celulares, ¡ahhh!, y puedes ver lo que sucede en otra parte, a gran distancia, en unas imágenes que salen en una pantalla... —contaba, inspirado a sus nuevos amigos, quienes lo miraban asombrados, sin lograr reaccionar ante tanta información extraña a sus conocimientos y que con gran esfuerzo trataban de comprender.

A lo más, Waman, que era algo escéptico, reía:

—Ja ja ja, eso sí que no se lo creo... En realidad, me pregunto: ¿No estará un poquito chiflado?

Claro, el aprender sobre un mundo tan mágico e increíble para ellos provocaba opiniones encontradas, sobre todo que nuestro héroe, inmutable, continuaba entusiasmado hablándoles del siglo XX, que había visitado con anterioridad. Menos mal que aún no viajaba al siglo XXI, porque si contara sobre sus adelantos tecnológicos, ahí sí corría serio peligro de ser definitivamente tomado por loco.

Hay que reconocer que esta generación inca era más bien un remanente de los sabios incas ancestrales, quienes tenían un conocimiento muy avanzado, incluso sabían de eventos planetarios, ciencia y espiritualidad mucho más que aquellos a los que se refería Tlanté. Los actuales habitantes del Cusco habían perdido esa sabiduría y ahora solo estaba incorporada a sus rituales y ceremoniales. Sin embargo, guardaban en su interior la fuerza creadora como recordatorio de aquello que algún día debían volver a recuperar para el bien de la humanidad.

Y así seguían la información, deslizandose sin pausa, por las mentes de Kuntur y Waman.

—... Y se llama televisión. A través de ella, además, pueden ver todo lo que quieran que pase, aventuras, guerras, romance, y ya saben, todo lo que esté sucediendo en esos mismos instantes en el planeta.

—¿Planeta? —preguntó Waman.

—Sí. Planeta es el Cusco, más Machu Picchu, más los ayllús, y todo eso multiplícalo por miles de pueblos más, incluye la cordillera, el mar, desiertos, en fin, un montón más —respondió el viajero.

—No me lo puedo imaginar —suspiró Waman, quien como buen chasqui era quien hacía las preguntas.

—Oh, al fin alguien habla cosas sensatas, ¡qué regalo maravilloso nos ha traído Inti! —reflexionó Kuntur.

Pero Tlanté también confesó los reparos que tenía con las maravillas que narraba:

—Lo que no me gusta son los comerciales, aunque son necesarios, pero interrumpen en lo mejor y te obligan a usar y hacer cualquier cosa con tal de estar en «onda».

—¿Así como esclavos? —interrumpía Waman.

—Sí, pero felices —contestaba el sabio.

—Ajá..., ¿y qué es estar en onda?

Ya a esas alturas el forastero decidió no contestar más y seguir con el relato. Más bien pensaba en Kuntur, a quien había notado silencioso y expectante a toda esta información, como si recordara algo, o al menos disfrutara imaginando ese mundo.

—Y, ¿saben?, ustedes pueden volar, para eso existen aviones que te trasladan de un lugar a otro, pero además puedes conseguir alas delta o parapentes, y vuelas solo...

Ahí Waman quedó atónito:

—¡Cómo que podemos volar! Eso lo hacen los pájaros... y bueno, los chasquis pueden correr como si se elevaran por sobre la tierra, pero de ahí a viajar por el aire, no lo creo posible —reclamó con firmeza.

Kuntur puso su mano en el brazo del joven para darle calma y con un gesto le conminó a callar y escuchar, a lo que obedeció de inmediato. Le tenía gran respeto, era su amauta, un gran sabio. Lo quería como a un padre, pues lo había recogido cuando quedó huérfano a los cinco años y desde entonces vivía a su lado.

Por favor, continúa, Tlanté —invitó el maestro.

—Si te enojas con otro país, no son batallas como las que ustedes conocen. Hay naves que van por mar y otras por el aire, oscuras, siniestras, lanzan bombas y matan a mucha gente al mismo tiempo. Pero también hay mucha tecnología en beneficio de la humanidad... iahhh!, y lo más importante: hasta existen ovnis —dijo Tlanté.

—¿Ovnis? ¿Qué es eso? —preguntó una vez más y con cierta timidez Waman.

—Bueno, son objetos voladores no identificados, al menos así los llaman los del futuro, pero son naves interplanetarias, de avanzada tecnología, que viajan por el universo.

Aquí Waman rió de buena gana:

—¡Pero, hermano!, eso sí lo conocemos, pues son nuestros antepasados, los que trajeron a Mama Ocllo, la de orejas largas, cuando fundó el Cuzco y estableció sus bases en el lago Titicaca!

—¡Pululos crespos! Cómo no se me había ocurrido que esa información la conocían, claro, pues está guardada en sus tradiciones, en construcciones pétreas, en piedras grabadas y en Coricancha —pensó en voz alta Tlanté.

Kuntur sonrió complacido, al fin su pupilo había dicho algo interesante y, sobre todo, había aprendido bien las lecciones de historia inca.

—No cabe duda de que es nuestro hombre —aquel comentario venía de los espías de la mesa vecina, quienes con un guiño de complicidad entre ambos se levantaron para dirigirse en sigilo hacia un rincón del parador, donde permanecieron ocultos, a la espera de que el forastero abandonara el lugar. Estos individuos, pese a tener una apariencia algo tenebrosa, no se veían muy listos, es más, daba la impresión de que estaban dominados por alguien mucho más astuto que ellos. Esta posibilidad indicaba un peligro mayor para nuestro viajero estelar.

Después de beber el vaso de chicha y un exquisito sancú, Tlanté tomó la decisión de marchar. El cansancio del viaje terminó por rendirlo. Con un bostezo reprimido, se despidió de sus nuevos amigos, luego de quedar de acuerdo para una próxima reunión dentro de unos días. Kuntur sabía que este encuentro tendría repercusiones.

Pero no abandonó el lugar de inmediato. Sin dudar, se encaminó decidido hacia el fondo del tambo, donde se encontraban ocultos sus perseguidores, y ante el estupor de ellos les llamó la atención con severidad.

—¡Hay malas vibraciones en este lugar y provienen de ustedes! —les dijo Tlanté, y antes de que pudieran replicar continuó—: Sigan mi consejo, abandonen sus planes destructivos, ¡ni piensen que los voy a ayudar! (Extraño comentario) —luego, con más calma agregó—: Aún es tiempo de corregirse, muchachos. Esta vida tiene un objetivo, no pierdan su oportunidad.

A estas alturas, el más alto reaccionó furioso:

—¡Qué se ha creído este extranjero. ¿Quieres problemas, eh? ¡Pues los tendrás!

—¡Shhhht... caaaalma! Mejor nos vamos, Anyaypoma,[7] no conviene despertar más sospechas —conminó el bajito con voz apenas audible, agarrándolo del poncho para que no se abalanzara hacia Tlanté, quien desafiante esperaba su reacción sin inmutarse.

—¡Suéltame, Runakoto![8] Ya estoy tranquilo, dejemos las cosas hasta aquí.

En vista de que la confrontación no pasaba a más, Tlanté terminó por dejar el lugar antes de que sus perseguidores abandonaran el recinto. Los dos hombres quedaron pasmados, sin saber cómo actuar ahora que habían sido descubiertos.

—Veamos al jefe mejor, él nos dirá qué hacer —sugirió Runakoto.

—Espera tengo una idea, déjame que te la cuente —respondió su cómplice, a la vez que dirigía una mirada de soslayo

---

[7] Anyaypoma: El que ruge y se enoja como un puma. Nombre quechua.
[8] Runakoto: Hombre bajito. Nombre quechua.

hacia una mesa cercana donde un grupo de incas consolaban a uno de los compañeros que había terminado con su novia.

—*Urpillay kuti, uy ari, manachus atinki chayri, imapajñataj kausan*[9] —se lamentaba el enamorado.

Uno de sus acompañantes dormitaba, mientras el que estaba a la cabecera sostenía una red de pesca colgada de su hombro. Algo ajeno al dolor de su amigo, cavilaba:

—Todavía no entiendo para qué me va a servir esta red que me dejó mi kichwa simi.[10]

¡Alerta!

Ya había pasado la medianoche cuando nuestro amigo emprendió el camino hacia la posada, ubicada a una media cuadra del tambo. Estaba tan oscuro que apenas distinguía los escalones que subían hacia su albergue. Solo las estrellas titilantes alumbraban algo la noche sin luna. Se sentía algo inquieto. Esos individuos no cejarían en sus objetivos, tendría que estar atento.

—Y yo no puedo hacer nada —se lamentaba Tlanté—. Cómo echo de menos mis poderes, tal vez no fue buena idea decir que sí a todo con tanto entusiasmo cuando me ofrecieron venir, pude haber negociado en algo al menos —ya pensaba como humano; en esos reinos no se transa. Lo que se decide está en orden perfecto bajo la ley del amor.

---

[9] «Paloma mía, vuelve. Si no has de volver, ¿para qué vivo yo?» (Traducción del quechua).
[10] Kichwa simi: Hermano.

Subía ya los últimos escalones que divisaba a duras penas, cuando sintió caer sobre él una pesada red. Inmovilizado por completo, intentó en vano moverse para tratar de librarse de ese repentino encierro.

—¡Te tenemos, al fin! —escuchó y supo entonces que estaba prisionero de los dos facinerosos a quienes había arengado sin éxito y que habían preparado su rapto desde el principio.

Dentro de su original prisión, vio cómo iniciaron la marcha con su preciosa carga, hacia destino desconocido. Resignado, no le quedó otra cosa que acomodarse lo mejor que pudo en esa trampa. Entre la baja estatura de Runakoto y la altura de su colega, ese medio de transporte se volvía muy incómodo para el rehén, que además de viajar todo chueco, se balanceaba más hacia un lado que al otro. Oyó a Anyaypoma mascullar entre dientes:

—¡Pufff!, no sé si fue tan buena idea lo de esta red y aparte tuve que cambiarla por mi tablilla de rapé...[11] ¡Cómo pesa! —su cómplice no lo hacía mejor, resoplaba y resoplaba, ni siquiera tenía ánimos para quejarse.

---

[11]   Rapé: Tipo de tabaco. El mundo andino lo usaba para sus rituales o bien lo aspiraban para distraerse.

El faraón

La oferta tentadora o la muerte

El bamboleo del trayecto adormeció al sabio, pero aun así logró darse cuenta de que el trayecto era largo. Los raptores habían caminado, al menos, unas tres horas. Sus pasos se hacían más lentos y torpes, y un par de veces echaron por tierra la carga, con el consiguiente sobresalto de Tlanté, quien además sufría por los continuos tropezones de Anyaypoma. El flaquito ya estaba al borde de sus fuerzas.

—¿Cuándo tienes otra mejor idea, eh? —reclamó por primera vez Runakoto, que marchaba agachado por el cansancio y se veía más chico de lo que era.

—¿Por qué no te callas? ¿O cambias de tema, eh? Ya... fffalta... poooco... menos mal. Esta carga está cada vez más pesada... Puffff, ayayaicito, ¡en qué lío nos metimos, Runakoto!

—¿Te acuerdas de la contraseña?

—Algo así como un estornudo, ¿no? Ah, claro, Achet Chufú[1] —fue el intercambio de palabras que alcanzó a oír Tlanté, ya despierto del todo, luego de haber sucumbido al sueño gran parte del trayecto, a pesar de su incómoda posición.

Dedujo que se estaban acercando al destino y como pudo se enderezó para observar el entorno. No pudo dejar de exclamar:

---

[1] Achet Chufú: Horizonte de Keops. Así llamaban los antiguos egipcios a las pirámides.

—¡Caramba! ¿Qué es esta mezcla rara de casa? Parece sombrero de bruja. ¡Pero si es una pirámide arriba de una vivienda!

Estaban ante un edificio bastante raro, una mezcla entre las construcciones incas y las egipcias. La planta baja representaba la típica morada inca, sin embargo, sobre el techo se erguía un enorme monumento piramidal.

—Este montaje es similar a los poliedros sintonizadores estelares en el desierto cercano a El Cairo, en África, llamadas pirámides —dedujo Tlanté luego de recurrir a su guía interna.

Se llegaba a esa residencia sorteando unas cuantas gradas hasta detenerse ante un gran portón. Este tenía un ventanuco por donde asomó la cabeza de un guardia inca, cubierta por un tocado egipcio. Alertado por el ruido de los recién llegados preguntó a voz en cuello:

—¿Quién perturba el sueño de Osiris?

Tlanté observó su aspecto, era muy divertido y fue más gracioso cuando habló en nombre de esa deidad de Oriente. Pero no alcanzó a largar la carcajada, porque el asombro ocupó su lugar.

—¿Qué hace aquí esta historia? —se dijo serio—. ¡Y qué tengo yo que ver en ella! Nadie me informó arriba acerca de que esta extraña situación terminaría por producirse. Ya les dije a mis captores que yo no puedo involucrarme en este enredo.

El sabio no podía recordar muchas de las indicaciones dadas antes de su aterrizaje, entre las cuales estaba esta. Sin embargo, aquello que nunca olvidaría sería el compromiso adquirido de apartar todos los obstáculos que se pudieran presentar, costara lo que costara y provinieran de donde fuera, con tal de despejar el camino hacia el cumplimiento del gran plan, gestado en el principio de los tiempos y que vería su culminación en el, así llamado, futuro.

A todo esto, los encargados del venerable bulto habían terminado por desplomarse justo a la entrada del edificio, e incapaces de nada se dejaron invadir por el sueño.

—¿Me podrían dar la contraseña? —continuaba imperturbable el guardia a la espera de saber si podría o no dejar el paso
libre a los viajeros.

Anyaypoma, dentro de su somnolencia y en un último esfuerzo balbuceó:

—A... acheee... tchu... chu... chuuf —y volvió a caer en trance.

El guardia entreabrió la puerta y pese a encontrarse con el
espectáculo de ese extraño bulto humano y sus dos cargadores
tirados en el suelo, siguió como si nada:

—No entendí bien, ¿podrían repetirla?

En esos momentos, Tlanté rozó su nariz con las hebras de
la malla que lo aprisionaban y lanzó un tremendo estornudo:

—¡Aaachú!

—Ah, está bien, pasen no más. El faraón los espera.

Después de unos cuantos remezones de parte del guardia,
los agotados cargadores se pusieron de pie como pudieron, liberaron al prisionero y ambos lo tomaron de los brazos para
introducirlo a la fuerza en la casa-pirámide.

—No empujen, si ya voy, ya voy —reclamaba Tlanté, mientras trataba por todos los medios de seguirles el paso. Sus
piernas estaban débiles y acalambradas por tanto tiempo que
estuvo encogido.

Un trastorno en el espacio-tiempo deparó a nuestro amigo una sorpresa inimaginable, al menos para los humanos. En
una amplia sala decorada al más puro estilo egipcio y rodeado
de una guardia vestida con las tenidas propias de esa cultura,
sentado en un sitial de alto respaldo, se encontraba un ifaraón
de verdad! A pesar de no estar de pie, se veía de gran estatura,
en contraste con sus servidores que eran bajitos, obvio, si eran
todos incas reclutados. Sus rasgos faciales eran angulosos y sus
ojos de mirada profunda. Una cuidada barba y un tocado de
género bicolor azul y dorado con el símbolo de una serpiente de oro a la altura de su frente determinaban su condición.

En sus manos detentaba dos bastones de oro que representaban importantes símbolos de su realeza. Todo su ser emanaba un aire majestuoso de superioridad. Se notaba que conocía muy bien sus privilegios como gobernante.

—He sido informado de tus cualidades y he creído conveniente para ambos persuadirte de que seas nuestro aliado. Juntos dominaremos este mundo y para comenzar destruiremos a mi rival que se hace llamar sapa inca Atahualpa. Soy el faraón Amediasnofis,[2] verdadero amo y señor de esta región del sol.

Ante semejante introducción de bienvenida, Tlanté no pudo menos que quedar estupefacto.

—Con que este era el problemita con el que tendría que enfrentarme, ¿eh? Debo recurrir a toda mi diplomacia para no ofenderlo y zafarme dignamente de su control. No parece mala persona, pero está en el lugar equivocado y bastante perdido.

—Yo le digo, con todo respecto, que usted se equivocó de lugar, mi buen señor. Esto es América y por su apariencia deduzco que usted viene de Egipto. Además, está un poquito desplazado en el tiempo, ¡para qué le hablo del espacio! Aquí el que gobierna es, justamente, el sapa inca Atahualpa, a quien usted quiere derrocar. No creo que sea una buena idea, no es correcto, faraón Amediasnofis.

—¡No abuses de mi paciencia! Sé todo lo concerniente a este reino. Y, quiero que tú también conozcas algo más de mi historia, para que puedas entender mejor mi voluntad.

Y así fue como el faraón inició un detallado relato sobre las costumbres y ritos de su nación, por cierto, muy interesante.

Ante esta situación, Tlanté, siempre bien dispuesto a buscar soluciones armónicas, puso gran atención a las palabras del desubicado soberano con el fin de llegar a entenderlo mejor. Como era su costumbre, prefirió trasladarse a observar los eventos narrados a los lugares donde se desarrollaban.

—Nuestro pueblo de los faraones se ha considerado siempre superior a todos. Sus reyes son hijos del sol y en sus manos está el orden del mundo. Tot, el dios sabio, nos enseñó que el

---

² El nombre es ficticio para evitar ciertas complicaciones.

año comienza el día en que la estrella Sotis (Sirio) aparece por primera vez en el cielo, antes que el mismo sol... —Tlanté ya no lo escuchaba. Estaba en Egipto, encaramado en la Esfinge, mirando cómo se desarrollaba el día a día por esas comarcas lejanas. Podía observar lo bien que funcionaban las faenas agrícolas. Puso en marcha su poder de recorrer el tiempo hacia atrás y hacia adelante, así como el de desplazarse en el espacio sin moverse de su lugar, que eran otras de las capacidades que le dejaron libre de expresar en su viaje a la Tierra, siempre y cuando se tratara de prestar ayuda. Así pudo ver las siembras y cosechas realizadas en perfecto orden, de acuerdo con cálculos matemáticos, astronómicos y astrológicos. Se paseó por las casas de gobierno para darse cuenta de que la justicia, la ciencia llamada magia, y el bienestar de los súbditos marchaban bastante bien.

Pudo presenciar la labor de gran responsabilidad del faraón Amediasnofis en su propio terreno, y supo que, en respeto a sus dioses, dado su rango, no podía demostrar ninguna debilidad. Ese día había un entusiasmo inusual en los habitantes. Nuestro sabio bajó de su observatorio provisorio para indagar el motivo de esa agitación y detuvo al primer beduino que se le cruzó en el camino. Antes de preguntar recurrió una vez más a su guía mental para saber qué lengua tendría que emplear.

—Oiga, buen hombre —dijo en un correcto árabe—, ¿cuál es el motivo de tanto movimiento?

—¿Cómo, no sabe acaso? Ahhh, usted es forastero, lleva puesta una tenida muy divertida —comentó, antes de seguir con la información—: Hoy es la Heb Sed,[3] que significa Fiesta de la Renovación. Nuestro faraón cumple treinta años en el poder y es momento de que nos demuestre que puede seguir

---

[3] Heb Sed: Fiesta de la Renovación que se llevaba a cabo en el antiguo Egipto.

gobernando. De lo contrario, tendrá que abdicar y en ese caso desaparece para siempre. El dios Tot le entregará esta noche la bebida de la vida. Contiene el poder de renovar el ciclo, o bien, si ya no está apto, puede desaparecer o morir, pues contiene a su vez un poderoso veneno. Debería asistir, todos presenciaremos tan trascendental momento.

Tlanté adelantó la noche y se mezcló entre la multitud que a esas horas llenaba los alrededores del palacio, a la espera de la aparición de Amediasnofis y el comienzo del rito que Tot había determinado.

El faraón llegó portando un elegante manto, su cabeza cubierta con un elevado casco de oro, ovalado, terminado en punta y sus varas de poder una en cada mano, tal como lo había visto en su morada en los alrededores del Cusco. Se veía muy intranquilo, su caminar y su postura no eran las habituales. Nuestro sabio pudo detectar que se sentía inseguro de su éxito, es más, temía perder su reino. Sin embargo, sus ojos acusaban una cierta determinación... ¿Tal vez un plan alternativo rondaba su mente? Tomó asiento en el trono que le tenían destinado para la ocasión, y ante todos sus súbditos y luego de una pequeña meditación, procedió a tomar la copa. La levantó en alto para que todos vieran que contenía el líquido sagrado y cerrando los ojos bebió su ambarino contenido hasta el fondo.

—Como no estaba seguro de mi éxito y quería seguir dirigiendo el reino como faraón, utilicé la poción mágica para desarrollar en mí el poder de la teletransportación, que era una de las facultades que podía brindar ese brebaje, con la intención de llegar a un lugar donde pudiera seguir gobernando como Hijo del Sol. Y heme aquí que lo he logrado —dijo el faraón.

De nuevo Tlanté estaba en la gran sala escuchando las últimas explicaciones de Amediasnofis. En realidad, nunca estuvo totalmente ausente, su estado de conciencia en alta frecuencia, conectado al circuito de luz al que pertenecía y en reconocimiento amoroso, usó el principio de ubicuidad. Simplemente dio la orden de estar en el sitio elegido sin abandonar el anterior lugar y el propósito fue cumplido.

Amediasnofis, con renovado entusiasmo al ver que su obligado huésped guardaba respetuoso silencio, expresó su decisión con firmeza:

—Yo seré el verdadero dueño de este imperio. ¡Por Osiris! Yo soy el elegido para gobernar esta tierra, he vencido a la muerte y si el pueblo no me reconoce, lo venceré con mi magia —y dirigiéndose ya solo a Tlanté, le manifestó—: Por eso te he hecho seguir y traer a mí. Tú me instruirás en lo que me falte y yo te recompensaré debidamente, si no obedeces, ¡morirás! —fue su lapidario final.

—¡Ja ja ja, las ideas de este hermano!, ¿no?

—¡Qué ingenuo, no me conoce! —reía para sus adentros nuestro héroe, mientras se oía a sí mismo decir—: Sí, señor faraón, entiendo su situación, pero las cosas no se resuelven así.

—Sé muy diplomático y nunca reacciones de inmediato frente a ninguna provocación. Deja que tu memoria del origen entregue su sabiduría y templanza y entonces actúa. Los humanos son de reacciones rápidas y de inmediato se involucran en toda clase de bajas frecuencias, se contagian y contaminan con una facilidad increíble. Por eso continúan atrapados en sus propios líos e ignorancia —recordó las palabras y consejos que le entregó su paloma Ka al iniciar el viaje a la Tierra. ¡Cómo la extrañaba! No era fácil estar solo aquí.

Lo mismo, ayer y siempre

El faraón, ajeno a los pensamientos de Tlanté, lo creyó fácil de convencer, por lo que decidió confiarle el secreto para lograr apoderarse de las mentes de los incas o de cualquier individuo, necesario para integrar sus huestes.

—Yo tengo el poder. Por lo pronto he hipnotizado a los que te capturaron, así como a todos los que he reclutado para mi servicio, mi guardia y mis guerreros. Será de este modo como combatiré al sapa inca. He dividido su reino, así todo se facilita.

—Y, ¿cómo lo hizo? —inquirió Tlanté.

—Muy sencillo. Con persuasión y transmisión de imágenes como estas —y dicho lo anterior proyectó en la mente de nuestro amigo una escena donde se veía a un inca, muy apuesto, vestido de egipcio, sentado muy sonriente en un cómodo sillón rodeado de hermosas mujeres que lo admiraban. Una de ellas se dirigía hacia el espectador con una gran sonrisa y un guiño de sus ojos verdes, para decir con voz dulce y sensual: —¡Oh! Yo amo a los que sirven a Amediasnofis y visten como él... ¡Ohhh!

En un rincón de la escena aparecía en jeroglíficos traducidos a quipus:

—En moda use el estilo «faraón», se sorprenderá.

Tlanté pudo ver cómo alrededor de esa imagen se aglomeraba una veintena de incas, y algunos de ellos se inclinaban en señal de reverencia para decir:

—¡Oh! Mi señor, mi poder es tuyo. Te adoro y seré tu incondicional servidor.

Luego proyectó una segunda imagen. En un enorme salón, decorado a todo lujo, lleno de luces y colores se encontraba Amediasnofis sentado detrás de una larga mesa. Presidía un magno evento junto a su séquito compuesto por los primeros hipnotizados. El recinto estaba a desbordar y en enormes lienzos colocados detrás de ese directorio resaltaba, en grandes caracteres y reconocibles por ambas culturas:

—Conviértase en seductor egipcio y sea diferente. Únase a las huestes de Amediasnofis —varios de los que observaban esa representación tenían los ojos en espiral. Un par de ellos comentaba:

—¿Y tú, te decidiste?

—Yo, por mientras, uso su «tocado» —respondía el otro. Este último portaba sobre su cabeza el paño rayado, bicolor, típico egipcio. Se veía gracioso, pues no combinaba con su ponchito de diseños andinos.

—Yo aún no, pero ya estoy listo para inscribirme —dijo un tercero que estaba cerca. Más lejos se veía a un inca corriendo desaforado hacia el lugar donde se llevaban a efecto las inscripciones.

—Yo me voy con ellos de inmediato... ¡No aguanto más! ¡Y qué simpático es este faraón, tan elegante!

Era tanta la influencia del sistema de persuasión que tenía el soberano que las situaciones anecdóticas estaban por todas partes. Se veían cientos de adeptos vestidos al estilo faraón. Portaban un pequeño faldón azul, que apenas alcanzaba a cubrir la parte alta del muslo, torso desnudo y el típico tocado listado, esta vez en color naranja y amarillo para distinguirlo del que poseía el gobernante. Estos convertidos formaban el ejército invasor. Entre ellos estaban Runakoto y Anyaypoma, que acababan de recibir sus uniformes, pero al parecer se los entregaron cambiados. Mientras al pequeño hombrecito el faldón le llegaba casi a los talones, y el paño de la cabeza caía más abajo de sus hombros, su compañero trataba por todos los medios de estirar su falda que parecía un traje de baño, así como su tocado parecía un bonete sobre su coronilla. Era evidente que se habían equivocado, sin embargo, tal era su confusión mental que no lograban intercambiar sus ropas.

Un inca recién integrado a las filas llevaba una cofia distinta a las demás. Pese a tener los mismos colores, la tela caía lacia a los costados de su rostro y sobre ella, en un intento de imitar el adorno en forma de serpiente de su recién adoptado regente, equilibraba en la coronilla una culebrita que había conseguido en el camino.

—Mi sastre lo diseñó especialmente para mí. Dijo que causaría sensación con estas pequeñas modificaciones —trataba de explicar a su compañero de al lado, quien no pudo aguantar la risa.

—¡Pero hermano, cómo te convencen tan fácil, esa no es una tenida egipcia, ja ja ja!

Más allá, un inca algo desilusionado preguntaba al aire:

—¿Y dónde está la niña que dice que yo le gusto así?

El espectáculo era desolador. Tlanté movía la cabeza de un lado a otro, asombrado ante tanta confusión mental, inculcada a través de medios tan alevosos. El pueblo inca era unido, pacifista, a menos que no los dejaran conquistar otras tierras o atacaran las suyas. Eran valientes, nobles y servían con gusto al sapa inca, pero su emotividad, característica ancestral, los hacía presa fácil de las malas artes y la astucia de quienes quisieran aprovecharse de ellos para su beneficio. Estas malas experiencias harían que en el futuro se volvieran desconfiados y más encerrados en sí mismos.

—Dos grandes imperios con sendos soberanos y un gran legado ancestral de sabiduría, ciencia y espiritualidad como eran los reinos del faraón y del sapa inca. Tenían buenos gobiernos y ambos reinos eran hijos del sol... Lo que puede generar el miedo —pensó el sabio estelar—. Si Amediasnofis hubiera cumplido de manera correcta con el rito de Heb Sed, nada de esto habría sucedido. Cuántas batallas se podrían evitar si no fuera por este sentimiento, el de más baja frecuencia que vibra en este campo. El ansia de poder está directamente relacionado con la cobardía.

Recordó que en su recorrido por el siglo xx, como viajero invisible, había presenciado el descubrimiento de un doctor, Robert Connolly, quien había estudiado el grupo sanguíneo del faraón Tutankamón y descubrió que pertenecía al grupo A, tipo de sangre idéntico al de las momias incas halladas en Parakas, Perú. Los estudios demostraron que ambas razas poseían cabezas alargadas y cabellos rubios. Tenían un origen similar, cuya historia verdadera se había extraviado en las vueltas creadoras de los hombres, así como por el olvido obligado tras las limitaciones de esta forma de existencia.

—¡Nada que hacer! Solo queda en las futuras generaciones la responsabilidad de recordar. Y para eso deberán primero saber quiénes son, por qué están aquí y hacia dónde van. Deberán volverse hacia sí mismos y descubrir la fórmula que yace en ellos desde el principio.

Tlanté salió de sus reflexiones profundas para, al menos, intentar aconsejar a Amediasnofis sobre el riesgo que corría con su actuar errado.

—Por el poder divino que es en todo y en nosotros, te aconsejo usar tus conocimientos para volver a tu destino anterior y no hacer sino el bien a tu alrededor. Así tus «dioses» te dispensarán, contarás con su apoyo y el rigor de la gran ley no caerá sobre ti —dijo Tlanté.

—¡Enciérrenlo! —fue lo único que el viajero oyó como respuesta y de inmediato, sin más miramientos, fue arrastrado por dos de los guardias a las mazmorras reales.

Diplomacia fallida y enredos familiares

Explicación: No es que fueran irresponsables o distraídos, primero pensaban en la diplomacia como método de disuasión y como último recurso en la guerra.

Al llegar al lugar donde se levantaba la mansión del faraón, los guerreros se detuvieron en seco ante el panorama que se abría ante ellos. No daban crédito a lo que veían sus ojos.

—¡Pululos crespos! ¿Qué es esto? —exclamó Curaca, a cargo del ejército inca, al contemplar la mezcla rara de construcción.

Waman, quien había engrosado la fila de los leales, ubicado en medio del grupo, empinado por sobre el hombro de su compañero de adelante, alcanzó a divisar al guardia apostado a la entrada.

—¡Por mis llamos! ¿No es ese bicho raro Tunkur, el sobrino del amauta Kuntur? ¡Qué tenida más estrafalaria lleva!

El sapa inca, más moderado, solo observaba la casa fijamente y trataba de encontrarle sentido arquitectónico:

—Qué casa más insólita. No tiene el estilo sobrio y definido de nuestras construcciones... mmm —se repetía.

Por su parte, el guardia Tunkur, en su papel de defensor de Amediasnofis, había descubierto desde su atalaya la figura de Waman asomado por encima de las cabezas de la formación, con su mirada fija en él.

—¡Ayayaicito! ¡Me pillaron! Mi tío Kuntur se va a enterar y, encima, ahí diviso a mi otro tío, Kuyukusi,[4] y yo en esta facha. ¡Qué lío!

A pesar de todo, estos incas reclutados de manera tan astuta no eran malas personas. Disponían de un gran sentido de la familia y de sus linajes, solo que tenían sus debilidades, que fue por donde los pudieron atrapar.

Una comisión conciliadora, emanada de la primera columna, integrada entre otros por Kuyukusi, se puso en marcha con el objeto de intentar una solución pacífica. Como ya era costumbre, la última alternativa era la guerra. Eran disuasivos y

---

4 Kuyukusi: El que se mueve con alegría. Nombre quechua.

corteses. Por eso el selecto grupo subió con calma los escalones de piedra y golpearon de manera discreta:

—Abran, por favor —dijo el encargado de la diplomacia.

Su edecán, siempre con el comentario justo y sus deseos de volver a casa sin batallas, sugirió lo imposible:

—A lo mejor no hay nadie.

En tanto, el vecino de Kuyukusi se percató de la presencia del guardia:

—Ahí hay un guardia, podemos preguntar —sugirió.

—¡Que se calle, que se calle! ¡Que no se entere que es mi sobrino Tunkur! ¡Qué vergüenza! —pensaba con todas sus fuerzas el tío.

Las conjeturas acabaron en cuanto se abrió la mirilla y apareció el rostro del guardia de turno. Este fue el diálogo:

—¿Qué se les ofrece? —preguntó altanero.

—Buenas tardes, ¿estará el farraón?

—Se dice faraón —sugirió una vez más el edecán—. ¿De parte de quién?

—Del sapa inca.

—¡No está y no los quiere recibir! (¡Menuda contradicción!) —y con un fuerte golpe cerró el ventanuco.

Sin pensarlo dos veces, agotadas las posibilidades de acuerdo, Curaca dio de inmediato la orden de atacar y comenzó la acción. La infantería se lanzó al ataqué y de una sola vez, con el grito de guerra:

—¡A ganar! —y al grito los guerreros se abalanzaron contra la puerta que fue derribada con tal ímpetu que aplastó al buen guardia y con ella cayeron de bruces todos los incas que estaban en las primeras filas.

—¡Ay! ¡Qué violentos! —apenas se escuchó el quejido debajo de la gran mampara.

Los guardias del recinto no supieron cómo reaccionar. Aunque, como estaban hipnotizados, poco podrían haber hecho, no tenían capacidad de discernimiento, ni iniciativa alguna. Al más listo se le ocurrió llamar a su soberano con voz cada vez más inaudible:

—¡Faraón, están aquí! ¡Oh! ¿Y ahora qué vamos a hacer? ¿Cómo vamos a salir de esta?

Una vez calmada la situación y todos reunidos en la gran sala, Amediasnofis, a cargo de la situación, con su ejército listo a su retaguardia, estaba dispuesto a escuchar a sus enemigos. Estos eran encabezados por el sapa inca que, desde su sitial, esperaba la acción de Curaca, encargado de llevar el mando de su hueste de leales súbditos. En un rincón de la sala, encerrado tras las rejas de la mazmorra, Tlanté miraba la escena sin inmutarse.

¡Y se armó la batalla! La contienda era bastante absurda, pues el pueblo inca estaba todo emparentado y entre ellos reinaba un gran respeto y apoyo mutuo. Entonces no era raro ver a un súbdito del faraón decir a su contrincante:

—Perdón, tío, pero no me queda otra —e inmediatamente lanzarba el golpe.

La victoria se veía pronta para los defensores del gobernante inca. La mayoría de los rebeldes caía a la menor provocación o intento de estacazo; su frágil estado los hacía vulnerables.

—¡Eyyy, despierta, tenemos que pelear! —se escuchaba en varios lados en medio de la afrenta, mientras que hubo algunos que tomaron otras decisiones.

—Mejor me voy, no quiero pelear con mi papá.

—¡Espérame, yo también me arranco! —dijeron muchos de los que habían estado del lado del usurpador, pero que, tras este descalabro afectivo se les habían pasado las secuelas del control hipnótico.

No faltaba el que aprovechó la situación y quiso ponerse de acuerdo con su contrincante «egipcio»:

—¿Y qué tal si lanzamos unas conchitas al aire? Según como caigan ganas tú o gano yo, ¿te parece?

Sin embargo, había algunos que estaban muy convencidos de su papel de egipcios y no tenían conflicto con arrasar con cualquier inca, fuera o no pariente:

—Defenderé hasta la muerte a mi admirado faraónnnzzz... —decían, mientras caían al suelo para acomodarse a dormir.

Al parecer, cuando las emociones salen a flote, como era el caso de esa batalla entre hermanos, se debilita el efecto hipnótico y los perjudicados suelen caer en un profundo sueño reparador.

Faraón, faraón... a su función

Ubicados frente al sol, levantaron sus brazos hacia el astro, y en una majestuosa dignidad Amediasnofis y Tlanté se unieron en un rito cósmico, solo conocido por ellos. Un rayo azul cubrió la escena de una bruma dorada. Al disiparse la niebla, el faraón había desaparecido y una atmósfera rosada llenaba el ambiente. Todo estaba ya resuelto en perfección, como todo acto inspirado por la sabiduría superior que es simple e instantánea. Les llamó la atención el pilar de piedra donde se llevó a efecto la ceremonia; en las cumbres de los cerros tutelares andinos hay construcciones misteriosas que tenían ciertos poderes. Ese obelisco era uno de ellos. Algunas eran sincronizadores estelares, otras, señalizadores de características excepcionales de los lugares.

También existían las «ofrendas» como las siembras en altura. Los incas, así como todas las culturas ancestrales andinas, tenían un conocimiento heredado de los antiguos. Pese a no entender del todo la ciencia que contenía, obedecían sin cuestionar, a sabiendas de que esas costumbres causaban un gran beneficio a sus pueblos. Hoy se sabe que los cultivos en las cimas provocan microclimas en la base de los cerros, donde generalmente se agrupaban los poblados. De esa manera, les aseguraba que siempre contarían con buenas cosechas y alimento para el ganado, sin importar los periodos de sequía que pudiera haber.

La iniciación

Estrategias, revelaciones y Tlanté a la cabeza

Curaca bajaba por el sendero de la montaña pensando cuánto tardaría Tlanté en alcanzarlo, y si valdría la pena detener la marcha para aguardar su llegada.

—¡Ya está! En estos momentos nuestro faraón extraviado se acaba de ubicar en su verdadera oportunidad de vida.

Escuchar al sabio y, al mismo tiempo, verlo salir a su encuentro espantó al guerrero, quien no estaba acostumbrado a esta magia. Pero, como buen soldado, disimuló muy bien.

—¡Uf! ¡Qué bendición el que usted esté con nosotros! —alabó el guerrero, intentando ocultar su desazón, mientras pensaba cómo es que le había ganado a bajar si recién iban a comenzar el ceremonial cuando él iniciaba el descenso.

Una vez más Tlanté había hecho uso de sus poderes, que, en casos como este, en que cumplía con ayudar, aparecían de inmediato. Había hecho uso de la facultad de teletransportación. Como ya se sabe, esta propiedad le permitía estar al instante en el lugar elegido.

Una vez en compañía de Atahualpa, quien ya volvía de la batalla rumbo a su palacio en Machu Picchu, Tlanté fue interpelado por el soberano, que estaba lleno de interrogantes. Caminaban a paso lento.

—Antes de llegar a mi pueblo quiero preguntarte: ¿Cómo lograste llegar primero que nosotros?, y ¿cómo supiste de

Amediasnofis? ¿Por qué ya estabas en prisión cuando llegamos a su residencia, si recién estabas en mi palacio?

—¡Ja ja ja! Sapa inca, hermano, ¡pero si usted debería saberlo! No me diga que ya se olvidó —dijo, pero luego, sin esperar confirmación se dijo a sí mismo—: ¡Oh! Sí, ya olvidaron —pensó decepcionado. Entendió que no había nada que decir y guardó silencio. El gobernante, que era muy inteligente, comprendió de inmediato y en respetuoso mutismo continuó el trayecto junto a su protector.

Marchaban en silencio. Atahualpa, con el dedo índice de la mano derecha apoyado sobre su mejilla reflexionaba sobre los sucesos, mientras en su mano izquierda colgaba enroscada de su muñeca la serpiente, regalo del guerrero, que en su lenguaje ofidio se lamentaba:

—¡Oh, triste suerte la mía, aquí no me respetan, cómo me gustaría haber nacido en Egipto!

Tlanté, por su parte, no estaba tranquilo:

—Esto recién comienza —se decía—. Lo más importante aún no ha llegado. La aparición de Amediasnofis y su corta usurpación solo fue una escaramuza. Casi una anécdota frente a lo que realmente deberé asumir dentro de poco... y conmigo, aquellos que me esperan sin saberlo.

Misteriosas palabras que encerraban anuncios importantes para la misión de nuestro héroe estelar.

Luego de medio día de camino divisaron el Cusco, imponente y solitario en medio de las montañas andinas. Desde esa altura se podía ver el contorno de la ciudad que dibujaba en la tierra la forma de un puma.[1] A medida que se acercaban pudieron notar una agitación inusual. Era el tiempo de preparar la Huaraca.[2] La gran iniciación esperaba a los jóvenes postulantes

[1] Puma: León andino.
[2] Huaraca: Fiesta del solsticio de verano, donde los jóvenes deben ser iniciados para asumir como guerreros del Imperio.

para asumir el papel de guerreros leales a sí mismos, a Inti y al sapa inca. Y, sobre todo, defender la luz por sobre la oscuridad. El pueblo ya había olvidado el extraño y belicoso incidente de Amediasnofis. Los hipnotizados habían recobrado su conciencia y las familias volvieron a unirse como si nunca nada hubiera sucedido.

En un momento el gobernante detuvo su paso y con un gesto suave tomó del brazo a Tlanté para que lo acompañase. Con una orden suya, la comitiva siguió adelante. Los dos amigos quedaron solos.

—Quiero pedirte un favor —comenzó en voz baja y solemne Atahualpa—: Desde que fue anunciada tu llegada por los dioses supe que estarías presente en estos ceremoniales y que desempeñarías un papel muy importante para el futuro de nuestras generaciones. Por eso, te invito a asumir como sacerdote y guía en estas iniciaciones. Te corresponderá entregar el oráculo y la huara a los vencedores de la primera etapa. Y, por supuesto, cerrarás el círculo de la luz para entregar las informaciones sagradas de nuestra historia, esa versión oculta a los ojos y oídos profanos. Así quedará atesorada en la memoria de los guardadores de la estirpe, nuestros muchachos, los autoelegidos, gracias a sus victorias en las diferentes pruebas.

Tlanté guardó silencio unos instantes. Sabía que tendría que asumir este compromiso y lo haría con gusto. Correspondía al inicio de la parte crucial de su misión, aunque Atahualpa no tuviera idea de ello. A él no le incumbía en esta ocasión mayor intervención, solo la aceptación sabia de ciertos acontecimientos en un futuro cercano. Le fascinaba la idea de grabar en los corazones jóvenes la impronta inmortal de esa parte del gran plan que comenzaba su preparación, justo en la fase prevista. No dudó en responder de formapositiva.

—Cuente conmigo, sapa inca, cumpliré a cabalidad con el propósito. Pero recuerde, hermano, tenemos una importante conversación pendiente, que es uno de los motivos por los que estoy aquí.

—Ya tendremos el tiempo —respondió con cierta preocupación el sabio gobernante. ¿Presentía o había algo más?

—Me parece que Atahualpa maneja cierta información privilegiada. No me extrañaría, él debe estar asistido por los Mayores —terminó por pensar el enviado. Y como si nada trascendental hubiera ocurrido, los dos personajes reanudaron el viaje.

Al llegar al pueblo, Tlanté se despidió del soberano inca con la promesa de reunirse al día siguiente, muy temprano, en Coricancha, la morada de paso de Atahualpa cuando viajaba al Cusco. Hacía unas horas que sentía un llamado persistente para dirigirse a las afueras del pueblo, hacia Sacsayhuamán, ese lugar sagrado que había conocido en su viaje desde Machu Picchu. Sin poner mucha atención a la cantidad de ciudadanos que se desplazaban con apuro en busca de los ingredientes para cocinar esos platos típicos de la fiesta de la Huaraca y celebrar a los nuevos guerreros una vez pasadas sus épicas pruebas de resistencia, el viajero estelar se dirigió con paso rápido al lugar de la llamada.

Estaba acostumbrado a la comunicación por el sentimiento más que a la telepatía, que consideraba ya en proceso de limitación de las potencias originales del ser. Y esta vez le extrañaba que este tipo de percepción apareciera en este estado de densificación en el que se hallaba. ¿Habría alguien como él, transportado a este mismo mundo y no estaba enterado? ¿No sería otra trampa más para bloquear su próxima tarea encomendada por el sapa inca? Con toda esa cantidad de dudas llegó a la explanada natural justo cuando anochecía. El lugar estaba solitario, solo rompían el silencio el cri cri de los grillos y uno que otro graznido de los guinchos, que a esas horas comenzaban su aventura nocturna.

—Tlanté, hermano —creyó escuchar el sabio, no sin cierto sobresalto. La forma de comunicación superior del principio ya no existía. Estaba en el medio de la altiplanicie y no había ningún elemento a su alrededor que pudiera ocultar a una persona. La voz parecía provenir del espacio frente a él, pero ahí solo había vacío. Con cierta aprehensión respondió en susurro:

—¿Quién eres? ¿Dónde te encuentras que no alcanzo a verte?

En ese mismo momento, justo ante sus narices se hizo presente nada menos que el gigante Boreo. Tlanté estuvo a punto de caer sentado al suelo a causa de la impresión. Una vez repuesto de la sorpresa, con emoción contenida por la alegría que sentía, lo reconoció:

—¡Pero, hermano!, ¿qué haces aquí? ¿No tenías que estar en Venus en este tiempo?

Boreo sonreía complacido:

—Sí, efectivamente, estuve en Venus preparándome en nuevas capacidades como la que te he mostrado. Ahora puedo materializarme o desmaterializarme a voluntad en lugares densos como este, sin preocuparme de perder parte de mis potencias originales, ¿qué te parece? Debido a ello, no me viste hasta que controlé los campos moleculares de un vehículo terrestre y lo adapté a esta frecuencia. Así pude densificarme frente a tus ojos. Pero no te llamé para contarte de mis nuevas adquisiciones viajeras, sino para informarte que me asignaron para darte apoyo en la preparación del gran plan, porque dicen que lo necesitarás, y pronto.

Tlanté miraba a Boreo, lucía como siempre lo había visto. Sus más de dos metros de altura lo volvían imponente. Vestía con un buzo blanco metálico y botas nacaradas gruesas. Este calzado era lo único que no reconocía. En sus reinos no era necesario cubrir sus pies, «por razones obvias», pensó, dejándonos con la curiosidad. Su cabello lacio y blanco caía sobre sus hombros, y sus ojos risueños caracterizaban la esencia de este ciencia-espíritu, que pese a la densidad de su manifestación aún podía percibirse la luminosidad del cristal individual que era. Fue ahí que nuestro héroe por primera vez lamentó la inestabilidad de las redes de conexión cuando tuvieron que sacar el holograma del modelo humano que le asignaron. Ese error determinó la forma pequeña y regordeta que lo caracterizaba ahora. Pese a todo, había logrado mantener sin fallas ese tono tostado de piel que a él le gustaba mucho.

Boreo y él eran grandes amigos de luz. Allá, en sus lugares de origen, se llamaban simplemente hermanos. Les había correspondido realizar juntos muchas aventuras estelares e interdimensionales, siempre en tareas de protección de los grandes planes creadores primigenios. Pero él nunca pensó que en esta oportunidad contaría con este hermano amado. ¿Qué tan peligrosos serían los acontecimientos futuros?

Tlanté no reconocía la existencia del futuro, tampoco del pasado, sino solo el instante de creación y manifestación que determinaba los tiempos. Era un ser atemporal, porque tenía la más alta vibración, la de la luz. Por eso podía desplazarse fuera del tiempo cronológico, modificar resultados y crear otros. Pero ya había tomado conciencia de que en este mundo estaba atrapado en las leyes del tiempo-espacio terrestre. Ya le importaba menos no tener acceso claro a todas las probabilidades de manifestación superior en esta existencia y estaba más conforme con acceder solo a aquellas que estaban dentro de su tarea protectora y de información. Aún le incomodaba no contar con algunas de sus facultades para su propia protección, ahora que se anunciaban los verdaderos desafíos que habría que enfrentar. Cierto que aún podía ocupar herramientas como el círculo azul, siempre que sus sentimientos estuvieran en regla con los de su origen. Sabía que todo dependía de las creaciones (actos, decisiones y pensamientos) de los individuos, incluyendo las de él mismo, y ahora posiblemente las de Boreo.

—No te ocupes de mí —le explicó Boreo luego que, sentados en una de las rocas talladas, recordaran muchas de las aventuras estelares vividas a través de eones. Algunas habían sido fracasos, precisamente por ocurrir en espacio-tiempo de frecuencia atómica, donde, por ley, era imposible influir en el libre albedrío de los seres humanos y tuvieron que conformarse con solo inspirarlos y, en ocasiones, cuando alguno de ellos lograba elevar su frecuencia, tomaban contacto para aconsejarlo de manera más directa. Pero no había sido suficiente. Esperaban que, en esta oportunidad, donde el medio nuevamente les era adverso, y además Tlanté estaba por primera vez incorporado a la condición humana, pudieran obtener la victoria definitiva. Pese a todo, la tarea aparentaba ser algo más sencilla que en otras ocasiones. Solo debían preparar, acondicionar, sellar alguna información y liberar otra para las generaciones futuras.

Lejos estaban de imaginar cuán peligrosa podía resultar la misión. Ni siquiera Boreo podía saber. El solo hecho de estar conectado a este mundo se lo impedía.

—Yo estaré atento a tus movimientos para apoyarte en cuanto sea necesario. Por el momento tengo que revisar ciertos escenarios donde se desarrollarán algunos de los episodios en que deberemos integrarnos.

Al final de la charla se despidieron con un «hasta nuestro encuentro» (los ciencia-espíritu no saben de despedidas, solo de encuentros).

Señales

Tlanté volvió al pueblo algo pensativo. La presencia de Boreo anunciaba contratiempos, resistencias o planes opositores no considerados en su tarea. Una vez más, las creaciones de los hombres habían abierto puertas a manifestaciones oscuras, de baja frecuencia. ¿Por qué podría haberse producido esta abertura en el trazado alquímico de la proyección preparatoria de ese gran plan superior? Repasó los acontecimientos vividos hasta ese momento, pero fue inútil. Nada de lo sucedido, incluida la intromisión de Amediasnofis, habría desencadenado resultados imprevistos de tal magnitud, como intuía. Dada su condición actual, no le era posible saber con detalle desde dónde y cómo se produciría el posible ataque, si es que lo hubiera.

Como acostumbraba hacer cada vez que debía anticiparse a posibles intervenciones bloqueadoras, intensificó sus protecciones, las que tendría que mantener sin bajar la guardia hasta finalizar sus objetivos. También entendió que había llegado el momento de preparar la tríada, que tendría el papel de crear resistencia lumínica para generar el tejido preventivo en la red de creación humana. Pensó en Waman el chasqui, era osado e inquisidor y amaba con todo su corazón al amauta, a quien consideraba su padre. También incluiría al amauta Kuntur, él sabía más de lo que aparentaba y su conciencia estaba despierta, y cómo olvidar a Curaca, el jefe guerrero, con su valor, lealtad e intrepidez. «Amor, sabiduría y poder en acción equilibrada y compartida», pensó.

Cuando se debe establecer una nueva actividad de la luz, es requisito que la inicien tres miembros con un mismo objetivo, siempre de alto nivel de ideales y con información semejante.

Cada uno debe representar una de las tres potencias primige-
nias, mediante su aptitud predominante. Así, forman la pro-
porción perfecta. Esa es la tríada.

—No hay mal que por bien no venga —reflexionó el sabio ya
acostumbrado a los dichos positivos de la experiencia humana,
además, si los preparo bien, serán una guardia establecida para
anclar revelaciones estelares en las costumbres de estos pueblos. Ellos las guardarán para cuando deban manifestarse en la
comprensión de los futuros habitantes de América.

Para eso, los Mayores contaban con miles de seres-energía
que deberían llegar a la Tierra en un futuro potencial, cuando
se cerrara un ciclo y antes de abrirse el siguiente, en el *momentum* de las aperturas temporales. Los guerreros de la estrella de
ocho puntas formarían parte también de esos descendientes.
Sus vehículos físicos contendrían las memorias ancestrales de
la tríada original electrónica de amor, sabiduría y poder que
ahora conformarán entre ellos.

Dicho esto, quedó ya más tranquilo y confiado en el ojo
de la estrella, el símbolo más poderoso y su sello protector
contra la disolución, el más temido de todos los ataques en el
mundo físico. Este era el único lugar donde eso era posible y
en el que ningún trabajador del plan superior estaba libre de
recibirlo. Por eso, Tlanté lo llevaba grabado en su túnica como
recordatorio de la existencia de ese circuito electrónico, listo a
encenderse bajo la orden adecuada y en la frecuencia de conexión correcta.

Una vez en el Cusco buscó alojamiento en una posada en
pleno centro de la ciudad. No quería sorpresas. Su lecho, for-
mado por una ruma de lana de llamo, lo acogió con tibieza y
pronto dormía a pierna suelta.

Ritos y prodigios

Aún no salía el sol cuando Tlanté ya marchaba a Coricancha para reunirse con Atahualpa. Con un contundente desayuno a su haber, ambos se dirigieron presurosos al encuentro de los postulantes a guerreros y su iniciación de preparación y resistencia, que ya esperaban ansiosos el rito de apertura. El sapa inca iba en su palanquín llevado en andas por sus asistentes de viaje, en tanto el enviado estelar integraba la comitiva de los acompañantes. Se había ubicado justo al lado de la angarilla para escuchar a su amigo, quien, desde su sitial, le revelaba aspectos del evento y explicaba con más detalle cuál sería el papel que tendría nuestro amigo.

—Te encontrarás con un altar ante el sagrado dintel de piedra, donde se inmolará un llamo cuya sangre será el símbolo del sacrificio por amor a Inti. Es la ofrenda bajo la cual se inicia la preparación de los aspirantes que deberán resguardar y defender con la fuerza del pueblo, los principios morales, espirituales, pacifistas y sobre todo nuestras venerables tradiciones que deben perseverar hasta el fin de nuestro tiempo.

—Pero, hermano, si se trata de preservar tan nobles principios... ¿Cómo es posible que sacrifiquen a un inocente animal? Me parece una contradicción. Él estaba pastando tranquilo y ustedes de forma arbitraria determinan su destino... ¿Qué culpa tiene el pobre que ustedes lo incluyan en sus costumbres personales? —dijo Tlanté.

—Amigo estelar, debes saber que el animal es quien se acerca, se ofrece, y nosotros lo aceptamos. Le pedimos permiso para tomar su sangre, esperamos su respuesta. Si él retrocede, esperamos que algún otro se aproxime. Una vez que ha accedido a inmolarse, le agradecemos, lo elevamos al rango de veneración por formar parte vital del rito. Lo sedamos con un compuesto a base de hierbas y una vez dormido procedemos a efectuar la ceremonia —respondió el gobernante.

—Si ustedes lo ven así, bueno, será entonces —respondió Tlanté, no muy convencido acerca de este tipo de prácticas que atribuía a tradiciones impuestas por el lado oscuro que una vez reinó en esos territorios—. Al menos lo hacen cumpliendo con las leyes del amor... y en ese estado de conciencia tiene el valor que le dan —intervino resignado.

Dentro de la ignorancia humana ante las leyes del universo un evento en sí no es positivo ni negativo, solo pasa a ser una oportunidad de elección. Dependerá de con qué grado de conciencia decides. Si tu conciencia te dice que es algo negativo así será tu creación. Si, en cambio, dentro de tu comprensión piensas que es positivo, entonces así será. Todo es creación en constante manifestación.

—Yo encenderé el fuego sagrado, soplaran las caracolas a los cuatro suyos,[3] hacia el cielo y hacia la tierra, a la Pachamama —el sapa inca continuaba con sus instrucciones—: Convocaremos las fuerzas de la naturaleza, les pediremos permiso y apelaremos a su protección. Te llamará la atención ver a los jóvenes candidatos rapados y con sendas túnicas confeccionadas por ellos mismos. Una vez que la ceremonia haya llegado a su fin, será tu turno. Asumirás como guía y sacerdote para enseñar a los futuros defensores del Tahuantinsuyo[4] la verdad que les corresponde conocer.

Al llegar al sitio del ceremonial Tlanté pudo ver a todo el pueblo reunido para presenciar tan magno evento. Incluso de los poblados vecinos habían llegado familias completas que no perdían detalle de las últimas preparaciones. Un llamo blanco

[3] Suyo: Cada una de las cuatro regiones del Tahuantinsuyo.
[4] Tahuantinsuyo: Imperio inca.

dormía plácidamente, tendido en una alfombra de colores encendidos, puesta al pie del atrio de piedra. Estaba listo para su inmolación. Con su dignidad acostumbrada, Atahualpa se encaminó a ocupar su sitio acompañado de su amigo estelar y de Curaca, su leal jefe guerrero, para dar comienzo al ritual sagrado.

Los muchachos llevaban dos horas de camino sin descanso, bajo el calor incipiente de la mañana temprana. Antes de partir, todos habían reemplazado sus tenidas coloridas por una túnica blanca que representaba haber dejado las experiencias humanas atrás y quedar en blanco para recibir lo nuevo y superior. Era el símbolo del postulante a iniciado. La ceremonia había sido emocionante y aún persistían en la memoria las palabras finales del sapa inca:

—Id con Inti y recuerden siempre, si respetan a la Pachamama, le piden permiso para caminar y le agradecen, ella los acogerá y los llevará protegidos y sin cansancio —les indicó Tlanté.

Esta iniciación guardaba un secreto que solo él conocía. Sería la única ocasión en que los jóvenes participantes estarían vinculados en su totalidad al gran plan. Tendrían una preparación especial, nunca antes dada y, tal vez, tampoco a futuro. Les correspondería llevar a cabo una misión especial en algún momento de la historia humana, la que solo conocerían al momento de cumplirla.

Un cóndor revoloteaba en giros interminables sobre las cabezas rapadas de los aspirantes que subían el cerro sagrado y tutelar del Huanacauri.

—¿Serán o no serán? —se preguntaba la gigantesca ave. Las dudas del cóndor tenían sus razones, los muchachos parecían ovejitas blancas, algunos se encaramaban en las laderas a duras penas y otros saltaban, ágiles, de piedra en piedra.

Los faldeos del cerro quedaron atrás. La ascensión había comenzado y el sendero se volvía más áspero y rocoso. Era el umbral de la primera iniciación: la tenacidad. Iban al encuentro con el sumo sacerdote que los esperaría en la cima. Claro, no era otro que Tlanté, quien ya estaba instalado observando el vuelo de esa ave de rapiña que había alcanzado tanta fama y honores, mientras pensaba:

—En un futuro cercano será un gran símbolo andino, respetado por los pueblos de América del Sur y estará representado en el escudo de una nación que dará de qué hablar al mundo. Formará parte de la gran profecía andina que anunciará el comienzo de la nueva Tierra —el pronóstico de Tlanté obedecía a cálculos galácticos estudiados por los primeros sabios estelares que llegaron a la Tierra.

La llegada de Tlanté a la cumbre fue instantánea, solo tuvo que desearlo. Faltaba un buen tiempo antes de que comenzaran a llegar los primeros jóvenes, así que con toda calma se puso a la tarea de diseñar el ambiente apropiado para recibir a sus estudiantes. El sabio estaba transformado. Había recobrado su postura enhiesta, su rostro reflejaba una calma imperturbable y su forma llana de conversar había sido cambiada por la solemnidad de la palabra justa, como lo veremos en sus enseñanzas. Solo su forma regordeta evocaba al Tlanté de siempre, bonachón y solidario.

—Quien va lento llega lejos —se decía, a modo de consuelo, el último de la fila en ascensión al cerro sagrado Huanacauri. Unos cuantos a mitad de camino se sentaban a contemplar el paisaje mientras eran sobrepasados por quienes venían más atrás.

—No se queden recogiendo flores cuando están a punto de alcanzar la cima. Puede que el tiempo los atrape y no alcancen a llegar —les había advertido su gobernante, pero ya lo estaban olvidando.

—Sé que llegaré... ¡Venceré! Ufff, ¡quiero llegar! Voy a llegar! —murmuraba el más flaquito y joven de todos. Tenía la apariencia de un niño. Fue el primero en ganar la cumbre. Arribó jadeando, pero contento. Había sido uno de los últimos, pero con su determinación logró lo imposible.

—¡Bravo, muchacho! La vida te dará tu recompensa. ¿Cómo te llamas?

—Yank Ayniyog,[5] sabio maestro —respondió con humildad el recién llegado.

—Te diré solo Yank —fue la escueta sentencia del guía.

—Serán trece los guerreros convocados a participar del plan. Ya está aquí el primero —y tras esta enigmática reflexión, Tlanté se dispuso a recibir a sus alumnos.

Uno a uno fueron ganando la cumbre y, pronto, trece muchachos estuvieron reunidos ante su maestro, quien les dio la bienvenida en nombre de Viracocha.

—Amados aspirantes, serán iniciados en los grandes secretos de esta existencia. No podrán divulgar nada de lo que aquí aprendan; y si lo hacen, no lograrán que los entiendan y podrían ser tomados por locos. Estas enseñanzas harán de ustedes portadores de la sabiduría. Aprenderán el arte de la guerra, cuyas claves solo serán útiles para las batallas internas que cada uno de ustedes deberá llevar para derrotar al enemigo que está al acecho y mora dentro de ustedes. En el exterior solo dará treguas transitorias, donde una vez ganará uno y en la ocasión siguiente el otro. Y así hasta que cada uno de ustedes venza sus propios adversarios que se esconden en el miedo. Sé que ha sido un largo peregrinaje, no han probado alimento ni bebido líquido, es el ayuno sagrado, preparación necesaria para la conquista de las cumbres de la sabiduría. Dicho esto, les pidió que cubrieran sus ojos con un paño que él había entregado a cada aspirante a medida que llegaban a la cima.

Los muchachos titubearon un momento: ¿Y si se caían al barranco? Estaban a más de cuatro mil metros de altura. Tlanté sintió la vibración de temor y de inmediato los tranquilizó:

—No teman, están bajo la protección de Inti y Viracocha.

En seguida hizo que se pusieran en fila. Cada uno debía poner su mano derecha sobre el hombro del que iba adelante y

---

[5] Yank Ayniyog: Poseedor del don del trabajo y la laboriosidad.

la izquierda sobre su corazón. Obedecieron sin discusión y el sabio inició la caminata hacia un portal de piedra construido mucho tiempo atrás.

Un aroma a coba[6] llenaba el ambiente cuando el sabio los detuvo y les pidió quitarse la venda. Quedaron abismados. Estaban en un espacio iluminado en una tonalidad dorada envolvente. Al mirar a su alrededor notaron que estaban dentro de un edificio transparente. Tenía una forma similar a un diamante tallado. Constaba de ocho caras. Siete de ellas eran salas, en tanto que la octava se abría hacia una planicie al este del Huanacauri, donde el sol haría su aparición al alba. Tlanté les indicó ubicarse en círculo dentro del recinto para dar inicio a las primeras enseñanzas. A los sorprendidos candidatos, que aún permanecían absortos en la contemplación del entorno, les costó ubicarse. A tropezones y sin decir palabra, poco a poco lograron formar el ruedo. Pese a la intensidad de la luz interior, no les afectaba su resplandor y podían verse unos a otros sin problema, como si estuvieran en cualquier otro lugar.

—Aquí la magia ceremonial inca, unida a los tres principios divinos, operará en ustedes un anclaje del conocimiento, dormido para el hombre actual, sobre su conexión hombre-Dios, y no lo olvidarán jamás.

Durante esta primera jornada Tlanté enseñó a sus estudiantes a elevar la frecuencia de su vehículo físico, para que la información que recibieran pudiera anclarse en sus memorias. Acompañaron la actividad con ejercicios de traslación a otros tiempos y universos para recabar experiencias y para que nunca pudieran dudar de la existencia de algo más allá que el mundo conocido.

---

[6] Coba: Planta andina de aroma agradable y penetrante usada como incienso.

Tiempos compartidos. Los enredos del tiempo se complican

Año 2011

Ian caminaba lento por el Parque Metropolitano. El otoño le regalaba el placer de pisar las hojas secas mientras reflexionaba sobre su vida y las extrañas experiencias que desde hacía unas semanas había comenzado a vivir. Al parecer, la materia del tercer semestre en la cátedra de historia americana había influido de manera definitiva en su espíritu. Cuando su padre, de origen irlandés, decidió aceptar un trabajo en Chile, luego de la muerte de su madre y la rápida elección que tuvo que tomar de seguir junto a su progenitor, esperaba encontrar un país atrasado, lleno de indígenas y de terrenos selváticos peligrosos, donde tenía la idea de que a cada paso arriesgaba ser picado por una araña venenosa o ser atacado por un león.

En realidad, no sabía nada del continente americano. Para él, América era Estados Unidos, y cuando le informaron que irían a vivir a América del Sur, pese a tener el español como su segundo idioma, se espantó. Pero ya era demasiado tarde. Los acuerdos se habían tomado y nada se podía hacer a esas alturas. Sin embargo, con solo pisar el aeropuerto de ese país sudamericano, comprendió cuán errado estaba. Una ciudad moderna y progresista lo recibió. Y su gente no difería de las que podía encontrar en cualquier país europeo.

La verdad es que nunca se preocupó de indagar sobre estos territorios tan alejados. Más bien, sus planes eran estudiar relaciones internacionales en Oxford y asumir un cargo importante en alguna embajada europea. Pero las cosas no se dieron de esa manera. Dos años llevaban ya en Santiago y hoy se encontraba estudiando segundo año de periodismo, la carrera más cercana a sus intereses, ya que la de su preferencia no existía en las universidades chilenas. Sin embargo, estaba conforme con la profesión elegida.

Los sueños habían empezado casi como un juego, que atribuyó a su imaginación desbocada frente a las materias de estudio sobre las culturas precolombinas que enseñaba de forma tan amena el profesor Antilef. Había descubierto un mundo alucinante, nada que ver con las ideas retrógradas que traía. Ahora admiraba esa sabiduría ancestral, tan relacionada con los últimos descubrimientos de la física actual. Como si los antiguos habitantes americanos hubieran conocido un universo más avanzado que el nuestro. Supo de la cultura mapuche, inca, aymara, maya y tantas otras. Admiraba especialmente su unión cotidiana con lo sagrado y su amor por la naturaleza.

El sueño

Sentado en un banco de madera, bajo una acacia, sacó su block de notas y lapicero para escribir sus experiencias oníricas. Sentía que era importante guardarlas con el máximo detalle que pudiera recordar. Sumido en la experiencia de su primer sueño, el entorno del parque desapareció. En la página apuntó: Noche del 3 de mayo de 2011.

Se encontraba en un edificio de cristal. Bueno, no era un edificio propiamente, más bien parecía un cuerpo geométrico, un octágono trasparente. Asistía a una información increíble que nada tenía que ver con lo aprendido a través de su educación y la serie de libros leídos; pero, a la vez, le parecía conocida, como si perteneciera a experiencias ya vividas. En el lugar había más alumnos; no conocía a ninguno. Le llamaron la atención sus atuendos y cabezas rapadas. Eran de menor estatura que la suya y de rostros morenos. Su estructura física sólida indicaba gran entrenamiento. Lo más curioso era esa sensación de euforia que lo embargó al despertar y cómo había cambiado a partir de esos momentos toda su forma de mirar la vida. Podía comprender cosas que nadie en su entorno sabía.

Las aventuras oníricas se fueron intensificando a partir de esa primera experiencia. Durante seis noches en ese par de semanas tuvo esos sueños lúcidos. En ellos, se veía compartiendo con antiguas civilizaciones que solo conocía como míticos relatos, nunca comprobados. Mu, Atlántida, Hiperbórea, Lemuria. Había sido transportado a otros mundos. Era demasiado. ¿Podría ser que estuviera a punto de un colapso mental? ¿De dónde podría haber sacado tanta información como para imaginar hechos como los experimentados en esos eventos nocturnos?

Recordaba especialmente haber compartido con un grupo de sabios sacerdotes que decían pertenecer a Mu (Madre Patria). Estaban vestidos con amplias túnicas irisadas y daban órdenes a varios grupos de seres que deberían emprender largos viajes para depositar el conocimiento a lugares lejanos antes de que esa civilización desapareciera. Se hundía poco a poco en el océano Pacífico. La tarea donde la ciencia y la espiritualidad eran uno, concluía. Le informaron que vendrían tiempos de espera antes de que esta sabiduría volviera a los hombres. Sería cuando su estado de conciencia y preparación permitiera crear el nuevo mundo que debería reinar en un tiempo próximo en la Tierra. Un mundo de amor y paz. Pudo ver cuando los sabios, junto a la casi totalidad de sus habitantes, partieron en sus naves lumínicas de regreso a sus universos, excepto aquellos enviados a los cuatro rincones de la Tierra.

También visitó la legendaria Atlántida, donde otros seres, grandes científicos, orgullosos de sus poderes, los aplicaban en grandes adelantos que incluso podrían alterar el comportamiento del planeta. También había seres altamente espirituales que, temiendo un fin drástico para su civilización, encargaban a marinos de rostros angulosos y piel mate, embarcados en naves con figuras de pájaros y animales en sus proas, el transporte de sendos cofres que guardaban los secretos de la vida humana en el planeta. Ellos tenían la misión de llevarlos a las tierras de las pirámides, donde hombres y mujeres ya preparados esperaban la preciosa carga para sellar los lugares en que permanecerían hasta el tiempo anunciado. Tanto murianos como atlantes sabían que la muerte no existía y así lo transmitían a sus estudiantes a través de sendos ejemplos imposibles de dudar. Sin embargo, al despertar, Ian no podía recordar cuáles eran, solo llegaba con la certeza de que era así. ¿Sería la densidad en que vivía la que impedía acceder a tales informaciones?

Pudo entrar a galerías subterráneas que recorrían la tierra, así como subir al espacio para visitar otras formas de vida, parecidas a la nuestra, aunque más avanzadas en tecnología y espiritualidad. Recordó con cierto temor la vez en que fue violentamente atraído hacia un hueco oscuro y pesado, donde se respiraba un olor extraño, nunca antes sentido. Parecía el olor de la maldad. Había despertado de inmediato, con el corazón a punto de salírsele del pecho. Supo entonces que no todo era tan maravilloso en este mundo subterráneo, donde parecían convivir en mundos paralelos el bien y el mal.

Cerró su libreta y encaminó sus pasos hacia el departamento que compartía con Bastián, su amigo y compañero de universidad. Tenía curiosidad por saber si esa noche volverían los aprendizajes extraordinarios.

Tiempo pasado

La noche llegó sin que ninguno de los presentes lo notara. La luz interior impedía tener acceso a los cambios externos. Parecía que solo habían estado poco más de una hora, cuando su guía les anunció que era hora de tomar su agua con miel y entrar a un descanso reparador en las habitaciones que estaban ya preparadas en un ala de ese mismo prisma. Yank era amistoso y compartía con todos por igual, sin embargo, prefería la soledad.

Ese sentimiento lo llevó, antes de acostarse, a permanecer por un rato en la sala ya desierta. Quería meditar sobre los eventos extraordinarios de esa jornada.

Sintió que alguien más estaba en el recinto. Se volvió a mirar y vio las siluetas de Waman y Curaca recortarse contra la luz intensa de la habitación. Fue solo un instante; cuando quiso ver de nuevo, ya no estaban. Pero unos instantes más tarde pudo ver con el rabillo del ojo que aparecían y desaparecían como fantasmas. No tuvo miedo. Curaca era su tío. Él le había enseñado a adquirir fortaleza y a no dejarse apocar por su apariencia delicada y frágil que hacía pensar a quien lo viera en un chico débil y amilanado. Waman era hijo del vecino Koulltú, un hombre noble y afable. A pesar de que era algo mayor que él, cuando niño jugaban juntos. Tiempo después, Waman partió a estudiar y ya no lo veía tan seguido.

—Seguro los extraño, por eso me pareció ver a ambos —pensó.

El joven no se percató de que el maestro lo observaba desde la puerta. Tlanté sabía que Yank tenía la capacidad de ver otras frecuencias de creación y experiencias.

—Él será el cuarto y quinto elemento —se dijo Tlanté—, sus potencias reforzarán a Waman, serán grandes amigos y crearán potentes lazos que les ayudarán en otro tiempo. Aunque ahora tendrán que sortear algunos eventos de riesgo. Para qué me preocupo, son ellos quienes tienen que atinar, para eso están aquí. —y con el mismo silencio con que llegó a vigilar a su alumno se retiró a su descanso bien ganado.

El quinto elemento no puede existir sin el cuarto elemento, pues primero hay que vencer los opuestos. Siempre desde el aspecto más difícil hacia la victoria... hasta anular la separación de los opuestos. Así, las polaridades separadas son reemplazadas por la perfección. No existe el bien y tampoco el mal, ni la tristeza ni la alegría, ni el éxito o el fracaso, ni lo que llaman muerte y la vida transitoria. Solo lo perfecto, el origen de todo. En el cuarto elemento está la oportunidad de llegar a la ausencia de separación. El quinto elemento, la ausencia de opuestos, es perfección: la inmortalidad o el eterno, la plenitud, opulencia, felicidad, el amor.

Yank tendrá que pasar por los extremos hasta que su conciencia entre en el quinto elemento, el amor. ¿Podrá lograrlo?

A la mañana siguiente, antes de la salida del sol, la melodía suave de quenas y zampoñas los despertó amorosamente. Correspondía entrar a la segunda sala. En su interior persistía la misma luz, pero en esta ocasión tenía un tono azulado que atenuaba el resplandor. Esta vez el guía les pidió sentarse frente a una especie de nube trasparente muy luminosa.

—Pongan mucha atención. Esta historia, hasta ahora sellada, será abierta para ustedes y quedará grabada en su memoria para ser activada en tiempos posteriores. Ustedes serán guardadores de esta importante información sobre las tres clases de hijos emanados de la gran creación original y sobre cómo estos seres, entre los que están ustedes, los incas, habrían actuado para manifestar los actuales resultados históricos.

—Pero, maestro —aventuró Yank—, ¿cómo es posible que si nosotros guardamos esta información sin que podamos utilizarla, aparezca en el futuro?

—Ustedes no son este cuerpo, solo lo habitan de acuerdo con sus encajes de vibración tejidos a través de sus creaciones, erradas o acertadas, vividas en ocasiones anteriores. Ustedes son seres-energía inmortales y de origen perfecto, densificados en este campo de experiencias. Este tejido que los acoge posee un almacén de memorias que, cuando ustedes encajan con ellas, pueden activarlas según sea su propia vibración. Hay memorias de tan alta frecuencia que no se pueden activar hasta que el ser-energía haya logrado elevar su propio potencial a esas mismas frecuencias, que son de luz.

—Maestro, me cuesta seguirlo. Sus palabras no las entiendo, sin embargo, mi corazón las reconoce y me produce una alegría sin motivo —comentó el alumno con una sonrisa de satisfacción.

—Con eso basta y sobra, querido Yank. Llegará un tiempo en que esto que narro nuevamente será posible y espero que ustedes, quienes son los guerreros de luz de este periodo, estén presentes una vez más para terminar con éxito el gran plan de luz que debe surgir a través de la humanidad de la Tierra antes de que se cierren las aperturas del tiempo y comience un nuevo ciclo. Este es un proceso de activación extemporáneo con el objeto de que los remanentes, quienes no alcanzaron el estado de conciencia ascensional anterior, puedan recibir esta apertura y estar listos para cualquier eventualidad que surja en el camino de las vidas. ¿Qué dirían ustedes si les dijera que algún día podrán volver a usar su programa original donde como seres-energía tendrán el poder de materializar o desmaterializar el vehículo que quieran ocupar por un proceso de control molecular? ¿Y que esta densificación a la que han llegado es la más difícil de transformar precisamente por su constitución desde la materia? Veo que me miran con asombro y sé que no están entendiendo absolutamente nada de lo que les explico. No se preocupen. Estoy grabando memorias en ustedes. Ellas servirán para el momento en que el mestizaje comience y los vehículos futuros estén preparados para albergar a los seres-energía que se han comprometido con el destino de la Tierra.

Los demás estudiantes seguían con atención las palabras del maestro. Les resultaba difícil comprender una información en apariencia tan ajena a sus experiencias, sin embargo, coincidían con Yank y escuchar la plática les producía en el corazón un calorcito.

Estas tres clases de hijos no son otra cosa que seres-energía cumpliendo diferentes papeles en el gran acto de creación a través de distintos «trajes». Se espera de ellos la victoria al final del tiempo acordado.

—Basta de palabras —concluyó con tono firme el maestro—, ahora pongan atención, que la función comienza.

Y dicho esto, la luz azul disminuyó hasta que solo quedó un débil resplandor y las imágenes comenzaron a aparecer como si esos acontecimientos estuvieran pasando recién delante de los participantes. La voz de Tlanté se mezcló con imágenes en movimiento que fueron proyectándose en esa pantalla suspendida.

La otra historia

Los eventos relatados en la proyección holográfica los dejó sin habla. Algunos se secaban una que otra lágrima, la mayoría no quería moverse de su sitio abrumados por haber presenciado una derrota tal de los valores originales del ser.

—Nunca más —se dijo Yank—, sabremos guardar el secreto y daremos la vida si es preciso para asegurar el cumplimiento del gran plan creador.

Pero ninguno de ellos se dio cuenta de que parte de esa historia aún estaba por suceder. Tlanté tuvo que llamarlos al orden:

—Su cuerpo físico necesita reposo. El alba llegará antes de que hayan descansado lo suficiente. ¡Que Viracocha los envuelva en su manto de protección! Buenas noches.

El sol entregaba sus primeros rayos a los sembrados del pueblo cuando los muchachos ya estaban instalados en sus lugares a la espera de las próximas lecciones del maestro, sin percatarse de nada que no fuera ese ambiente cristalino de su eventual morada.

—Les voy a contar una historia que les hará entender mejor cuál es su situación como seres habitando esta forma de vida. Este relato pertenece al futuro. Fue escrito por un inglés en la época victoriana, pero lo he transformado. Hice una adaptación a las experiencias relacionadas con nuestra propia forma de mirar nuestra existencia.

El desconcierto fue general:

—¿De qué está hablando nuestro guía? ¿Época victoriana? ¿Inglés? ¿Cómo piensa que lo comprenderemos mejor?

No faltó el listo del grupo que explicó a su compañero de al lado:

—Se refiere a cuando seamos victoriosos, entonces llegará el forastero que se llama Inglés que escribirá en los quipus y podremos entenderle.

—Ahhh... ya. Quedó claro —suspiró el vecino sin darle mucho crédito y agregó—: mejor pongamos atención.

—»Imagínense que ustedes viven al fondo de un estanque de agua. Son puntos. No conocen nada más que esa realidad y cuando algo extraordinario sucede ustedes pueden ver círculos. Su vida pasa tranquila hasta que fuera del estanque algo sucede. Ustedes no pueden ver ni comprender ese otro mundo, pero fuera del estanque hay otra vida y al lugar llega un pescador. Ustedes sabrán de ello porque al sumergir una de sus piernas en el estanque, verán un círculo... algo está pasando, dirán, podrán elucubrar teorías, pero en realidad desconocen el origen. Este lanza la caña con la intención de pescar algunos peces, pero ustedes tampoco saben de la existencia de peces. Solo viven en el universo de los puntos.

Al lanzar el anzuelo, en lugar de un pez atrapa un punto, a uno de ustedes. Este punto desaparece de su visión, pero no de sí mismo, pues al salir del estanque asoma a ese otro mundo. No entiende en absoluto lo que observa, pues no está en su experiencia dimensional, pero para él todo ha cambiado. Se ha transformado en su experiencia. Su percepción de la vida no será nunca la misma, aunque no podrá jamás explicarlo. Al ver que no es un pez, el pescador al lanza el punto de nuevo al estanque. Ustedes aún estaban impactados por la súbita desaparición del punto amigo, poco después de ver el círculo. Entonces le atribuyeron una serie de explicaciones mágicas. Cuando lo vieron aparecer nuevamente fue para ustedes un milagro. Pero una vez que el punto comenzó a tratar de explicar su aventura, aduciendo que había otros tipos de vida, otros mundos, reaccionaron de inmediato. La mitad de ustedes lo tomó por loco, se burlaron y terminaron por alejarse. En cambio, la otra mitad le creyó y pasó a ser tan admirado que, con el tiempo, fundaron una religión en torno a él. El punto que emergió del estanque fue el único que pudo ver la vida diferente gracias a su experiencia. Tanto ustedes, los puntos, como el pescador y su mundo viven en distintos estanques vibratorios, sin saber unos de otros hasta que las frecuencias encajen por sintonía o por elevación. Y así hasta que, en la medida en que se vayan encendiendo en luz, asomen la cabeza fuera del estanque y recuperen su herencia, podrán acceder a la gran verdad de esta eterna creación. Todo es uno, nunca lo olviden. Dios no se explica, Dios es experiencia.

Habían transcurrido ya tres días sin que los participantes lo notaran. Disfrutaron de sabrosas meriendas de tanto en tanto, que consistían en verduras, frutas y refrescos ambarinos. Solo el sueño que sentían pudo darles referencia de la noche que llegaba en las afueras.

Ya en la cuarta sesión de instrucciones los estudiantes se encontraban más ambientados en ese nuevo estado y percibían su entorno de una manera distinta, pese a que en apariencia no recordaban nada de las lecciones pasadas. Solo los entrenamientos constituyeron su verdadera experiencia. En esta oportunidad, les esperaba conocer sus miedos más profundos. No sería tarea fácil. Vencer el miedo es terminar con la ignorancia de sí mismo.

Esta vez la sala tenía tonalidades cambiantes. Pasarían de grises a blanco, de rojo a rosa, o del azul oscuro al celeste, según fueran los sentimientos que embargarían a los alumnos en el transcurso del día.

—A través de Inti, Pachamama y Viracocha, recuperarán la conciencia universal que los hará más fuertes y valientes para los eventos que como guerreros deberán soportar: batallas con sus propios fantasmas y con las fuerzas opuestas que también acechan en la oscuridad de las bajas vibraciones —les anunció su profesor. Y sin decir más, los dejó solos un momento. Se produjo un pequeño desorden. Se sintieron libres por un tiempo y aprovecharon para conversar y volver a sentirse como cuando estaban en el pueblo antes de comenzar con el ceremonial.

La presencia de Tlanté alertó a los muchachos. A medida que se pasaban la voz sobre su llegada fueron callando hasta que se hizo el silencio.

—Mi papel no consiste en hacer la tarea por ustedes, solo los preparo, guío y advierto para que puedan cumplir con éxito sus propósitos, para los que vinieron a esta forma de vida. Les corresponde a ustedes la práctica de la automaestría en toda circunstancia y abandonar los viejos hábitos, tal como ya se los he enseñado —aleccionó con cierta severidad al ver cómo con tanta facilidad volvían a sus hábitos anteriores, pese a todo lo que habían avanzado en sus aprendizajes.

Sin embargo, sabía que esas reacciones tenían que ver con la preparación para las lecciones de ese día. Se guardó bien de no mencionarlo.

—Bien, ahora pongan atención: iniciamos nuestra cuarta instrucción —y con gran dulzura habló:

—... Para llegar a la quinta sesión, donde ya nada podrá ser revelado al exterior, es necesario que puedan franquear la entrada a las cabinas blancas donde recibirán las claves de la victoria sobre lo que llaman muerte y el proceso de la resurrección. Para ello, primero tienen que vencerse a sí mismos. Por lo que he visto, ninguno de ustedes está listo, así que ahora se van a práctica intensiva. Primero en solitario y luego en conjunto. Estaré vigilando.

Con la cabeza gacha y los brazos colgando hacia adelante, muy avergonzados y desilusionados por la posibilidad de no alcanzar la iniciación, los estudiantes se retiraron para cumplir con la tarea. Pondrían todo su empeño para cumplirla y anclar en ellos un nuevo hábito, el que el maestro les había enseñado después de su información. Esa conexión y la oración de amor a Inti y Viracocha, la fórmula salvadora para no incurrir en todos los errores que se habían mandado en esa clase.

El guía reunió a los postulantes ante la quinta puerta a la que no se podía acceder sin ser informados antes de cuál sería la materia a tratar. Una vez en su interior solo habría práctica y la prohibición absoluta de divulgar todo lo que allí ocurriera. La prueba de la atención, la última etapa de la superación del miedo y la dirección creadora a objetivos específicos serían algunas de las actividades que los esperaban.

A la salida, cuando ya el cóndor estaba en su nido de las altas cumbres, la vizcacha dormía en su madriguera y el guincho abría sus ojos para observar la noche, los aspirantes ensimismados caminaron directo a sus habitaciones. No aceptaron alimento ni agua, pero cada uno desprendía una radiación blanquecina que era más detectable en la oscuridad. Tlanté, muy satisfecho, con las manos en la espalda, los miraba desde su atalaya en el centro del templo de cristal:

—Mis muchachos lo han logrado. Hasta ahora, vamos bien.

Algo parecido sucedió a la mañana siguiente. Los estudiantes se reunieron a la entrada de la sexta puerta y recibieron sus instrucciones. Esta vez la práctica se refería al gran silencio y la entrada al cristal interno y el sello individual original. ¡Gran experiencia!

—A través de Inti, Viracocha y la Pachamama, recuperarán la conciencia universal que los hará más fuertes y valientes para los eventos que, como guerreros, deberán soportar. Aunque habrá olvido, la memoria del origen ha sido activada y poco a poco, en la medida en que la maestría sea en ustedes y la vibración del amor los caracterice, irá apareciendo a su conciencia externa para servirse de ella en el servicio que rindan —el sabio sabía a esas alturas que todos estaban preparados para la gran iniciación que ocurriría esa misma noche.

Contra toda expectativa, ese día la música matutina los despertó con una melodía alegre y juguetona que invitaba al movimiento. Era el tiempo de la danza, era el tiempo de recordar.

Una vez reunidos frente a la séptima puerta, aparecieron frente a ciertos estudiantes distintos instrumentos musicales propios de su cultura. No era casual: algunos de esos muchachos eran integrantes del conjunto que animaba las fiestas rituales del pueblo con sus tradicionales instrumentos: quenas, bombos y zampoñas.

Tlanté fue el primero en iniciar la danza al compás de la música que tocaban sus alumnos y que nada tenía que ver con los ritmos acostumbrados. Los sonidos salían armoniosos y muy melódicos. Los más sorprendidos eran justamente los intérpretes que no tenían idea de cómo podían expresar semejantes sonidos.

Sus movimientos eran sutiles y a pesar de que se veían algo graciosos, dado su cuerpo rollizo y sus piernas cortas, inspiraba reverencia y admiración. Poco a poco lo siguieron sus alumnos en completa concentración y reverencia. Sus brazos se elevaban tanto hacia el sol que desde el techo en punta emitía su luz, y luego bajaban hacia la tierra con movimientos específicos de las manos. Los giros se volvieron interminables. Parecían flotar.

Hasta que de forma repentina el maestro cambió de ritmo y expresión y el baile se tornó telúrico, al igual que la música. Se parecía mucho a las danzas agrícolas de los incas. Las de Uaricsa Araui. Así siguieron unos minutos hasta que el profesor dio la orden de cesar. Habían unido el cielo y la tierra en un nuevo rito que fortalecería los objetivos de sus costumbres y sellaría en ellas una memoria nueva rescatada del origen.

—¿Se han preguntado alguna vez por qué es tan común la danza en los ceremoniales o en las fiestas? ¿El por qué gusta tanto y libera emociones y alegría? Porque son vibraciones resultantes de creaciones con distintos fines. Antes de que la Tierra fuera habitada por los seres-energía a través de sus envases genéticos, tuvieron que crear las instancias para bajar sus frecuencias y eso ocurrió a través del movimiento de una danza secreta. Una vez incorporados aquí, nacieron los distintos movimientos para las distintas formas de creación entre lo sagrado y lo profano. La música es vibración y tono, quien crea música y movimiento es un takiri. Y así seguirá hasta que una conciencia despierta recuerde y la danza original vuelva a bailarse al revés, para la recuperación definitiva del paraíso olvidado. El silencio actuante crea y el movimiento manifiesta. Esta memoria que hemos tejido hoy a través de estos movimientos permanecerá guardada hasta el tiempo de las nuevas generaciones y el cumplimiento del gran plan —les advirtió Tlanté, una vez terminada la actividad, antes de dirigirse a la séptima puerta, el umbral de la iniciación.

Al abrir la mampara para que los próximos iniciados entraran, una tríada de luces azul, oro y rosa iluminó sus rostros y a medida que iban desapareciendo hacia el interior también alcanzaba sus cuerpos. ¿Qué les esperaba en esa ocasión? Sabían que se enfrentarían a la gran iniciación. Sus corazones latían con fuerza, era el momento más importante de su vida.

¿Qué es y qué no es?

Nadie supo cuándo fue que los aspirantes a guerreros del sapa inca abandonaron la séptima sala, ni qué pasó a continuación. La luz del amanecer iluminó a raudales todo el edificio transparente. Los muchachos se ubicaron en la sala abierta a la montaña. La amplia terraza que se prolongaba hasta el mismo borde del acantilado fue el escenario de las últimas enseñanzas de Tlanté. Todos de pie, frente a la imponente presencia de las montañas de los Andes, elevaron sus brazos y, en actitud de profundo respeto, corearon la invocación que su maestro les había enseñado:

—Aire, tierra, agua, fuego, las fuerzas sagradas presentes en la naturaleza, conformarán los elementos que a través de esta invocación al dios supremo del cual somos hechos a imagen y semejanza encenderá el fuego sagrado purificador que, por medio de nosotros, aniquilará el mal y protegerá el advenimiento del amor.

Cruzando las manos sobre el pecho agradecieron y lo dieron por cumplido.

En lugar de estallar en expresiones de victoria por haber finalizado con éxito su iniciación y lanzar sus implementos al aire como lo hacen los recién egresados, el calor de esa mañana y la intensidad de las experiencias vividas los sumergieron en un letargo reparador. Su guía les sugirió acostarse en el suelo, a la sombra de la escasa vegetación de la cumbre, y cerrar los ojos. Así podrían reposar antes del descenso que se llevaría a cabo al atardecer de ese mismo día.

Despertaron casi al unísono. Estaban sentados en círculo junto a su maestro, quien estaba dando las últimas indicaciones a los ya iniciados guerreros. No les asombró en absoluto verse dentro de la amplia cabaña de piedra, situada ante el gran portal lítico que los antiguos habrían edificado miles de años atrás y que los había acogido durante toda una semana. La luz del sol caía directo sobre el grupo de los estudiantes a través de un ventanuco en lo alto del muro. Cada uno pensó para sí que tanta información los había traspuesto por un momento. Todas las experiencias en el templo de cristal de la estrella de ocho puntas estaban olvidadas. El conjunto de las experiencias vividas habían ocurrido en ese lugar, simple y austero.

—Amados guerreros de la luz y de la paz —les informaba Tlanté—, ha llegado el momento de hacerles entrega del oráculo, así como también de la huara. Como ustedes saben, deberán portar este calzón de fibra de aloe en la próxima prueba de resistencia que afrontarán en el pueblo.

Uno a uno fueron desfilando ante el profesor para recoger los distintivos recordatorios de su preparación táctica. Plenos de emoción por haber rendido con éxito las grandes pruebas, esta vez el grupo de iniciados estalló en vítores, se abrazaban unos a otros y agradecían a su guía con gran respeto. Miraron por última vez la gran sala de clases de la casa de piedra donde

estaban seguros se habían desarrollado todas las actividades, recogieron su equipaje y emprendieron el regreso al Cusco.

Yank había tenido un sueño demasiado real que se había repetido todas las noches. Se encontraba en un edificio cristalino donde recibía, junto a sus compañeros, las enseñanzas del maestro Tlanté. También pudo divisar la presencia de Waman y el amauta Kuntur. Al iniciar el descenso no pudo dejar de mirar hacia atrás para saber si en realidad existía, pero solo estaba la cabaña y el pórtico de piedra que vieron al llegar a la cumbre. Sin dudar más se unió a la comitiva, que ya bajaba a la ciudad.

Entre el cielo y la tierra

El sabio quedó solo en la cumbre. Con gran solemnidad se ubicó hacia el este para agradecer la asistencia que sus hermanos, desde su mundo, le ofrecieron durante todo ese periodo de instrucción. Luego, con gran recogimiento, hizo una triple invocación:

—¡Oh! Presencia divina, Viracocha, Inti, Señores de la Llama Azul de Venus, los amamos, les agradecemos y bendecimos. ¡Oh! Gran Señor del Universo, ya seas varón o hembra que riges el calor y la generación. Tú que puedes por tu saliva hacer magia, danos tu protección y la victoria sobre todo en este mundo[1] —y dirigiendo la vista hacia las profundidades del precipicio, donde se veía como una cinta ondulante el Urubamba, para sellar su acto, exclamó—: Amaru, serpiente de luz, energía divina dormida en el hombre, comanda las fuerzas en las entrañas de la tierra a través de tu sabiduría cósmica que prepara al hombre hacia su realización —dicho eso emprendió el descenso, con las manos en la espalda, pasitos cortos y deslizantes, mientras una sonrisa de paz se dibujaba en su cara.

Waman acaba de terminar su sancú. Estaba en el tambo esperando la llegada de su amauta Kuntur. Tenían que conversar sobre algunas raras experiencias que estaban viviendo desde que llegó Tlanté al pueblo. En cuanto lo vio, se levantó para ir a su encuentro:

—Amado amauta, no me va a creer. Usted sabe, soy bastante escéptico, pero aquí están pasando cosas muy raras. Bueno,

[1] Esta segunda invocación corresponde al texto oral de la literatura quechua.

en todo caso me están pasando a mí... y todo desde que llegó Tlanté al pueblo. Fíjese que la otra noche estuve en Venus.

"¿Se acuerda que nuestro amigo lo mencionó en la conversación que tuvimos aquí mismito en el tambo?

—¿Cómo Venus? —dijo con asombro Kuntur.

—Sí, tal como lo oye. Resulta que estaba de lo mejor durmiendo cuando de repente me vinieron a buscar, bueno, no así como en persona, más bien me sentí transportado hacia el espacio, pero sin mediar el tiempo, porque me vi de inmediato conversando con unos señores altos de pelo blanco y muy amables que me indicaron que había llegado a Venus, que de ese lugar había venido Mama Ocllo, ¿se acuerda? La señora que fundó el Cusco, pues. ¡Qué le puedo decir, amado amauta, recuerde que soy chasqui y cuando hay una noticia buena, pues ¡de ahí soy! Así que me quedé a platicar con los hermanos.

—Pues, de qué te asombras, hermano Waman, estas cosas suceden. Lo que pasa es que nadie da importancia a los sueños, más allá de creer que solo son pensamientos e ideas en tiempo de reposo... y nada más lejos de eso —comentó su tutor con la calma de siempre.

—Pero es que no fue todo: me dijeron, bueno, no exactamente así, me trasmitieron más bien, que hablara con usted y con Tlanté porque vamos a tener que prepararnos para proteger unos quipus que guardan secretos que quieren hacer desaparecer, y que son importantes para el futuro de nuestro territorio

—Waman entendió el encargo dentro de los conocimientos de su época. Kuntur frunció el ceño. No le gustó comprobar a través de su pupilo lo que temía.

—Esperemos que Tlanté baje del Huanacauri y veremos qué dice él sobre tu aventura. Por mi parte puedo asegurarte que creo saber de qué se trata todo esto. He estado junto a ti en más de una ocasión, especialmente estos últimos días. No te preocupes, estaremos preparados.

Se sentaron a la mesa donde momentos antes estaba ubicado Waman y pidieron una chicha para serenarse y esperar en los próximos días el regreso de su amigo forastero, para que les informara sobre estos acontecimientos que, ambos intuían, estaban por ocurrir.

Algo muy siniestro se tramaba y estaba a punto de entrar en acción.

Batallas intertemporales

El inframundo

Tlanté aprovechaba los últimos momentos antes de subir nuevamente a Machu Picchu con el sapa inca, para reunirse con Kuntur y Waman; quienes apenas lo vieron en el pueblo se lanzaron a su encuentro para solicitarle una reunión urgente.

Lejos estaban todos de lo que, en esos mismos momentos, se tramaba en oscuros rincones del inframundo.[1] Los espías de los señores de la guerra y del miedo habían estado atentos a todos los pasos de Tlanté y de quienes lo rodeaban. Pese a que el guía estelar sabía que lo más importante de su tarea recién estaba por comenzar y que no sería fácil, no quiso dar importancia a esas advertencias internas.

—Así estaré más preparado. Sin miedo y con mi atención puesta solo en los objetivos de la luz y la bondad —se dijo mientras saboreaba un refresco de zanahoria y un pastel de quinoa en compañía de los amigos.

---

[1] Inframundo: Regiones del más allá. Se le relaciona con los huecos o cavernas existentes bajo tierra, pero su significado es más amplio. No solo comprende el reino de los muertos, o dimensiones paralelas, sino también lugares intraterrenos, donde pueden existir tanto mundos de luz como de oscuridad. En este caso, el inframundo abarca el campo donde habitan seres tenebrosos. En la tradición iniciática se los ubicaba en cavernas en el interior de la cordillera de los Andes. Estos seres estarían relacionados con los remanentes de otros mundos, que llegaron a habitar la Tierra, luego de haber destruido su propio mundo, y cuyo objetivo es apoderarse de este planeta.

Le llamaba la atención que a medida que avanzaban sus tareas en este rincón del mundo iban develándose los eventos futuros. Era como abrir un programa de computación, al estilo del siglo XXI, y ver de tanto en tanto hologramas de escenas que estarían por desencadenarse, pero sin tener permiso para acceder de manera libre a todas ellas al mismo tiempo. ¡Cómo extrañaba su mundo, donde todo era tan natural y simple! La atemporalidad era su estado y sabía que todo es creación eterna y mutante, mientras los registros de esos eventos se grababan en el historial holográfico del universo.

Después de una buena conversación, en la que Waman le expuso a Tlanté sus aprehensiones respecto a su reciente viaje estelar y de recibir sus comentarios, el grupo se puso en marcha hacia la plaza central, donde se llevaría a efecto la primera prueba de resistencia física y moral de los jóvenes guerreros, ya iniciados en el espíritu. En el camino los alcanzó Curaca, quien dijo tener algo muy importante que comentar.

—Yaaa... No me digas que tú también fuiste a Venus —le espetó riendo Waman.

—¿Cómo supiste? —dijo, sorprendido, el recién llegado. Ahora era el chasqui quien lo miraba atónito, no era posible que estuvieran pasando cosas tan raras—. Hermano —dijo dirigiéndose a Tlanté—, ¿qué magia estás usando que nos haces viajar de manera tan extraña?

—Son ustedes responsables de sus propias aventuras, no me comprometan, yo no tengo nada que ver —fue el lacónico comentario del sabio. Para sus adentros consideraba muy en serio estas coincidencias, estaba seguro de que tenían que ver con el papel que jugarían estos personajes en los próximos tiempos.

—Tengo que hablar con ellos en cuanto sea posible —decidió.

A todo esto, ya habían llegado a la plaza donde la fiesta de la Huaraca estaba en todo su apogeo. El aroma a comida ofre-

cida en las improvisadas cocinerías alrededor del lugar inunda-
ba el ambiente. Todo el pueblo había acudido a ver a los
valientes que serían sometidos a fuertes penitencias para probar su valor. Ya los guerreros estaban formados en un costado
de la explanada a la espera del inicio de las acciones. En el centro, frente a un grueso poste de madera, se encontraba un
hombre vestido con pieles de llamo y con el rostro cubierto por
una máscara de aspecto temible. En su mano izquierda tenía un
látigo y ya se adivinaba cuál sería el próximo destino de los po-
bres muchachos.

Si pasaban esa etapa, deberían continuar con la segunda
fase de resistencia, la que se llevaría a cabo ese mismo día, al
anochecer.

Año 2014

Ian despertó sobresaltado. Esta vez no fue pesadilla la de su sueño. Se rió a todo dar.

—¡Qué ridículo! Estaba cubriendo una noticia y tomaba fotos de una competencia inca donde estaban los mismos pelados de la otra noche... ¡Oye, Bastián! —gritó a la habitación vecina—, me estoy volviendo loquito. Acabo de reportear una noticia añeja. No me lo vas a creer. Estaba en medio de un montón de niñas bien guapas con un vaso de chicha en una mano y la máquina fotográfica en la otra. Esperábamos la llegada de los calvos que te mencioné la otra vez. Lo bueno era la música, ¿puedes creer que la escuchaba clarita?

Su amigo ya estaba parado en la puerta con una taza de café a medio tomar.

—Algo te está pasando, amigo. Es demasiado entretenido. Tal vez, si hablas con tu profe, te pueda al menos decir si las escenas que has vivido tienen que ver con datos históricos comprobables. No sé por qué me parece que aquí algo se está tramando y tiene que ver con las materias que estoy estudiando en física, ¿sabes? Estamos viendo los saltos en el tiempo y las probabilidades de multidimensiones y de los universos dobles... Parece que tus aventuras encajan dentro de uno de estos posibles supuestos —le dijo.

Un par de horas más tarde los amigos se dirigían a la universidad, y olvidados de la conversación matutina platicaban sobre las vacaciones de septiembre. Una semana sin clases les permitió inscribirse en las actividades de Raíces Ancestrales, movimiento ecológico y de rescate de las tradiciones de los pueblos originarios. Asistirían por primera vez y estaban muy entusiasmados.

Tiempo pasado

—Los he reunido aquí, en Sacsayhuamán, porque es el único lugar lo suficientemente solitario como para que nadie nos interrumpa ni escuche nuestra conversación —explicó Tlanté a sus tres convocados: Kuntur, Waman y Curaca, la tríada que conformaría el muro de contención del plan original. Estaban en el centro de la planicie, sentados en el suelo y alejados de las construcciones de piedra y de todo elemento que pudiera guarecer a algún indeseado testigo. La conversación se llevó a cabo sin que nadie se enterara sobre qué versó.

Al volver al Cusco, lo hicieron en silencio. La recientemente conformada tríada partió a la casa del amauta, donde este daría algunas instrucciones específicas a Waman y Curaca para consolidar sus potencias individuales lo más rápido posible. Debían estar preparados en corto tiempo, les había dicho Tlanté. Curaca estaría encargado de la fuerza estratégica y protección física y etérea. Waman debería encargarse de averiguar e informar sobre las actividades sombrías y advertir a tiempo. Su preparación como chasqui le permitía recorrer grandes distancias en corto tiempo, por si fuera necesario, y su frecuencia amor le daba una protección extra en los terrenos peligrosos, aunque no era infalible; dependería de su propia maestría. En cuanto a Kuntur, sería el consejero y estratega. De acuerdo a las indicaciones de Tlanté, esta tríada debería actuar de manera independiente a él.

—Ustedes son los guardianes de la estrella de ocho puntas, y esta tarea es suya —les había comunicado al final de la reunión.

Después de dejar a su tríada recién formada, el sabio estelar dirigió sus pasos hacia Coricancha para reunirse con Atahualpa y coordinar el posible regreso a Machu Picchu, donde tendría lugar la crucial conversación y uno de los motivos de su viaje a la Tierra. Esperaba que la partida no se realizara hasta un par de días después, pues aún quedaba contactar a Yank. Pero el joven llegaba recién al día siguiente al Cusco.

El ataque

Una vez terminadas las actividades de la Huaraca, el joven guerrero se fue de visita donde uno de sus tíos, Anka.[2] Tenía poco contacto con él pues vivía en un pueblo distante a un día de camino. Se encontraron en la fiesta de cierre de las competencias y lo invitó a pasar unos días a su casa. Le entusiasmó el ofrecimiento de escalar un cerro cercano a su vivienda. Desde muy niño, Yank, pese a su fragilidad, amaba encaramarse a los montes, pasar días enteros y bajar a veces en plena noche, a riesgo de recibir una reprimenda de sus padres, preocupados por su tardanza.

Al llegar a Coricancha, Tlanté notó cierto revuelo. Un destacamento de la guardia del sapa inca se alistaba a partir a un poblado cercano. El tokoyrikoks había traído la noticia. Un derrumbe había sepultado unas casas y había que auxiliar a los heridos. Atahualpa, siempre preocupado por su pueblo, acompañaría a sus subalternos para ayudar a reconfortar a las familias. En vista de la situación, Tlanté decidió acompañarlo:

—No está demás, si también puedo aportar algo —pensó. En cuanto arribaron al lugar en la madrugada del día si-

---

[2] Anka: Águila negra. Nombre quechua.

guiente, luego de una larga noche de esfuerzo, la sorpresa fue mayúscula. El alud se había producido en la montaña donde escalaba Yank, y nada se sabía del joven. Su tío había regresado antes a casa, mientras su sobrino quedó en el lugar con la promesa de volver antes del anochecer.

Tlanté supo de inmediato que los temidos eventos se habían desencadenado. No era casual esta calamidad. Aprovechó la confusión del momento para desaparecer y manifestarse en la instantaneidad en el lugar preciso donde podría hallarse Yank, cuando estaban todos ocupados en asistir a los damnificados. Las cuatro casas ubicadas al pie de la montaña no estaban destruidas, solo algo deterioradas por las rocas que dañaron algunos muros. Un par de ancianos tenía heridas leves y un perrito se había lesionado una pata, que ya habían vendado sus amos.

Justo en el lugar por donde había pasado el rodado, en una cavidad formada por la saliente de una roca y un pequeño rellano en la ladera, vio a su alumno. Estaba bien, pero no podía bajar, pues la senda había desaparecido, y estaba prácticamente de cara al abismo. Con un suspiro de alivio al ver al maestro, el joven exclamó:

—¡Profe (así lo llamaban con cariño sus alumnos en el retiro de la montaña), no sabe qué gusto me da verlo! ¡Creí que me quedaría aquí hasta morir de inanición, resulta imposible que nadie pueda llegar hasta este sitio y, como usted ve, no puedo moverme a riesgo de rodar por la pendiente —luego, con su calma acostumbrada, le narró sus peripecias al momento del derrumbe.

"Estaba a punto de bajar cuando escuché un ruido ensordecedor. No alcancé ni a darme cuenta cuando vi cómo se me venía encima un aluvión de piedras y tierra. No atiné a moverme y esperé que todo pasara rápido y sin mayor dolor, pero en eso apareció un joven mayor que yo vestido con ropas que nunca he visto, me tomó de un brazo, todavía me duele, y me lanzó de una sola vez bajo este techo rocoso para, enseguida, desaparecer de mi vista. ¡Me salvó la vida! No sé qué pasó con él. ¿Se habrá caído con el alud?

Tlanté no respondió a su pregunta. Solo le pidió que se pusiera de pie, lo tomó del brazo y en menos de un segundo aparecieron abajo, sobre la ruta que llevaba al pueblo. Anka los vio llegar con la sorpresa reflejada en su mirada:

—¡Qué bueno verte a salvo! Me tenías tan preocupado —el sabio miró con cierto recelo al tío—: No sé por qué, pero no me fío de este tipo... ¿Tendría algo que ver en esta situación? Mmm...

Pero, ante la insistencia de Yank para que aceptara la invitación a pernoctar en la casa de su pariente, quien hacía lo suyo para apoyar a su sobrino, terminó por acceder con el compromiso de que al amanecer regresaran al Cusco.

—Debemos tener una conversación Yank —le anunció antes de entrar a sus habitaciones.

Era pasada la medianoche. Yank dormía en la recámara vecina, pero el maestro, recostado sobre las mantas de lana de oveja, no pegaba un ojo. Tenía la certeza de que su presencia en ese lugar no era casual. Había visto la mirada de Anka cuando respaldaba a su sobrino. Estaba obligándolo a alojar en su casa:

—¡Eso es! Me estaba obligando, ¿qué se prepara entonces aquí? —no acababa de formular la interrogante cuando vio a los pies de su lecho dos figuras gigantescas vestidas a la usanza inca. Portaban sobre sus hombros sendos ponchos negros y cascos astados cubrían sus cabezas. Sus ojos amarillos reflejaban una frialdad impresionante y, a la vez, un miedo pavoroso, mezclado con un matiz de crueldad y poder. En sus manos empuñaban unas lanzas, en cuyo extremo superior sobresalían unos rayos en zigzag de metal negro, que despedían tonos rojizos.

Con un movimiento brusco los guerreros oscuros dirigieron esas armas hacia él y proyectaron un haz luminoso de un rojo intenso que despedía un olor nauseabundo. Trató de incorporarse, pero le fue imposible, estaba totalmente paralizado, no pudo activar el círculo de luz azul. Intentó usar sus otros poderes, pero de inmediato recordó que esos no servían para su propia defensa. Sintió que la estructura física que lo sostenía, especialmente preparada para él, estaba a punto de ser destruida. Eso acabaría con su misión y tendría que regresar a su mundo de inmediato.

Ese era el propósito de las fuerzas de las tinieblas, mantener su imperio del miedo y evitar a toda costa que se cumpliera el gran plan que echaría por tierra su dominio sobre cualquier parte de este mundo. Sin el viajero estelar, estarían seguros para seguir adelante e instaurar su poderío desde las sombras. Tanto las fuerzas de la otra polaridad, así como las de la luz, saben que la muerte no existe. Solo se pierde el vehículo sustentador de la manifestación en este campo del ser-energía, pero se interrumpe la tarea para la que ha venido y retarda su regreso al menos unos cuantos años terrestres, tiempo que debe pasar antes de que pueda manifestarse en un nuevo equipo adecuado y listo para asumir su papel.

Entregado a su suerte, en vista de que nada podía hacer desde su limitado estado humano, Tlanté cerró los ojos y esperó que algo que lo ayudara en este trance ocurriera.

Un estallido vibrante, que hizo estremecer a los emisarios de la fuerza oscura, iluminó la estancia. Boreo apareció detrás de los guerreros negros.[3] Levantó la mano derecha con los dedos cerrados y de su palma salió un haz de luz azul eléctrico, que envolvió a los dos atacantes. De inmediato fueron

---

[3] Este color hace referencia a las bajas frecuencias, en contraposición con el blanco, que es la sumatoria de todos los colores, la luz y la más alta frecuencia.

electrocutados por la potencia de alta frecuencia emitida, imposible de soportar por quienes solo podían existir en muy bajo voltaje. Las cenizas quedaron esparcidas en el suelo como testimonio de su paso por el lugar. Si Tlanté hubiese podido emplear sus poderes originales, habría visto cómo dos sombras se habían desplazado ondulantes para hundirse en las profundidades.

—Hermano, ¿cómo supiste que esto ocurriría?, yo mismo no pude prevenirlo, pese a que tenía mis presentimientos —inquirió el maestro una vez que Boreo le devolvió las fuerzas y el movimiento. Para ello tuvo que activar el patrón original de luz e impulsarlo a través de las redes del sistema neuronal, hasta que se encendiera todo el programa molecular establecido en su holograma antes del viaje a la Tierra.

—Recuerda que al no estar densificado tengo una gran ventaja en relación con tu estado. Puedo moverme libremente por creaciones, tiempos e interespacios sin ser detectado por mi alta vibración de luz, disimulada en frecuencia de tono azul marino. Cuando conversamos allá, en Sacsayhuamán, te dije que tenía que revisar ciertos escenarios. Pues eso hice: pude filtrarme en regiones del inframundo situadas en las cavernas de los Andes, sin densificarme en ellos, y descubrir los ritos secretos que están llevando a cabo. Eso me alertó y proyecté la visión remota hacia los resultados a futuro. Entonces te vi en esta situación. No podía prevenirte ni alterar los acontecimientos sin alertar a los maestros de la oscuridad. Tampoco podía prever cuándo sucedería, solo me quedaba mantenerme alerta en las altas frecuencias. Tú bien sabes que esas fuerzas no pueden descubrir los planes de la luz, porque se los impide su propio estado. Se mueven en un registro muy denso, no pueden acceder a nada que esté por encima de esa vibración, es obvio, ¿no? Y así fue cómo te seguí, a cada instante, con el radar del sentimiento y pude manifestarme a tiempo.

Tío y sobrino seguían durmiendo aún cuando el sol ya estaba empinándose por sobre el cerro vecino, donde había ocurrido el deslizamiento de tierra que casi le cuesta la vida a Yank. Boreo se había marchado con la promesa de encontrarse antes de que su amado y recuperado hermano subiera al cono de luz para el regreso a su estrella. Tlanté se estaba preparando una tizana con hierbas aromáticas recogidas del terreno aledaño cuando el muchacho apareció refregando sus ojos.

—¿Y mi tío, todavía duerme? —sin esperar respuesta, agregó—: Maestro, ¿sabe usted que yo veo cosas que no están aquí? Ayer, cuando llegamos a la casa, vi que mi tío llevaba sobre su espalda un bulto oscuro que le hablaba al oído. No supe qué decía, pero no era bueno. ¿Podría explicarme qué era eso?

—Mira, hijo, a veces es preferible no saber. Es importante a partir de ahora mantener la atención solo en objetivos superiores para no caer bajo el dominio de los seres del inframundo, que están muy activos en este tiempo. Por eso es importante que partamos de inmediato al Cusco. Busquemos un lugar apropiado, porque tengo que conversar contigo seriamente —dicho esto, sin esperar que el dueño de la casa despertase, ambos abandonaron el lugar en dirección a la ciudad.

El pueblito estaba desierto. Ya todos los que habían llegado a ayudar se habían marchado esa misma noche.

—Las debilidades humanas, como la envidia, los celos, la ira, todos ellos sentimientos emanados del miedo, sintonizan con elementos afines, por lo tanto, los hacen presa fácil de los poderes y entidades que reinan en esa misma onda. Tu tío no es una mala persona, pero siempre tuvo envidia de tu padre por diversos motivos que no es necesario descubrir. Este sentimiento se acrecentó cuando me vio llegar contigo, y pensó con rabia por qué no fue él quien te rescató. Eso hizo que fuera impelido a actuar, gobernado por instrucciones de ese ser que viste sobre sus hombros. Fue utilizado para sus fines oscuros. Y dejémoslo hasta aquí. No es necesario profundizar más en el tema. Guardé esta explicación hasta que estuviéramos lejos y ya dentro del círculo de luz azul de protección, que he activado alrededor de nosotros para iniciar nuestra conversación.

Estaban en los jardines de Coricancha. Algunos paseantes visitaban el lugar, pero no se acercaban donde ellos estaban ubicados. El sol acababa de ocultarse y una suave claridad aún persistía en el entorno. Hacía solo unos minutos que habían llegado a la ciudad y, pese al cansancio del recorrido, ahí estaban. No había tiempo que perder.

—Pon atención. Debo prepararte para que estas capacidades que traes, a través de tu visión de lo invisible, puedan activarse de manera correcta. Formas parte de un gran plan superior de creación en que todos nosotros hemos participado desde el principio. Estamos en tiempos de gestación y hay fuerzas que se opondrán de forma tenaz para que fracase, así que todos debemos estar listos ante cualquier imprevisto. Después de tu iniciación en el Huanacauri, estás preparado para activar uno de tus programas de luz del origen. Esto tiene que ver con el ojo único, el segundo circuito de poder de tu matriz estelar, ubicado en el centro del interior de tu cabeza. El primero es el centro del corazón, que en el modelo original es un sol. Esta vista divina está limitada en este plano solo a servir como sustentadora de la vida sana en los cuerpos biológicos que ustedes portan, bajo el resultado de «glándula pineal». No, no te preocupes si no entiendes mis términos, pero si te fijas en algunos grabados en piedra que dejaron los antiguos, encontrarás la representación de un triángulo circundado de rayos y el ojo al centro: es el recordatorio dejado por los que sabían, para sus herederos, del circuito electrónico que todos los seres-energía luz tienen y deberán activar cuando sea el tiempo. Ahora escucha con atención, Yank, porque vamos a trabajar en ello —una barrera invisible impedía oír cuáles eran las instrucciones que el sabio entregaba a su estudiante.

Para traspasar las barreras sin ser notados, Tlanté entregó a Yank el uso del ojo pineal. Él debería proteger a los tres guerreros de la estrella de ocho puntas a través de la interacción con la creación superior que opera en lo invisible, esta vez, de forma sabia y perfecta.

Año 2014

—¡Despierta, Ian! ¡Despierta! De nuevo tienes una pesadilla —las exclamaciones de Bastián lo sacaron de un salto de su aventura onírica.

—Gracias, pero creo que no era pesadilla.

—¡Cómo que no!, si estabas gritando con desesperación: «¡Salta, salta! Que la montaña se derrumba». ¿Cómo que eso no es un mal sueño? Te escuchaba desde mi habitación y fui yo el que tuvo que saltar de la cama para remecerte.

—Sí, pero yo estaba salvando a un joven inca. Le decía que saltara, que yo lo iba a recibir junto a una roca grande para que se resguardara ahí del alud que venía a toda velocidad.

—Ah... ¿Y saltó?

—Sí, pues. Lo recibí, lo lancé debajo de un alero y ¡zazzz!, que me despiertas. No alcancé a saber si se salvo o no —reclamó a su amigo, algo frustrado.

Ese día era la ceremonia de clausura del año universitario y ambos estudiantes en sus respectivas carreras recibirían su título profesional. Luego de tomar un desayuno bastante escuálido partieron rumbo a sus actividades finales. Dos tostadas con unos huevos revueltos cada uno y un café americano debían sostenerlos hasta el momento de la cena oficial que esperaban fuera abundante. Ese último periodo había sido difícil para ambos. Los padres de Bastián eran españoles, radicados hacía más de veinte años en Chile. Estaban dedicados a la producción agrícola. Vivían en el sur del país y en el invierno recién pasado habían sufrido grandes pérdidas en sus sembrados de trigo a causa de las intensas lluvias y nevazones repentinos. Ya habían tenido problemas en el verano por el excesivo e inusual calor que se hizo sentir en la zona. Incendios forestales quemaron sus plantaciones de pinos. Los cambios climáticos planetarios, a causa del calentamiento global, se dejaban sentir cada vez con mayor intensidad.

Debido a ello, no habían podido enviar más dinero, salvo para el pago de la universidad y parte del arrendamiento del departamento, cuyos gastos compartía con Ian. Él, por su parte, estaba solo en Chile hacía más de un año. Su padre había decidido volver a Inglaterra. Pese a que era de origen irlandés, consideraba a Chile como su patria, por eso había aceptado el trabajo que le ofrecieron. Aquí había vivido su infancia y parte de su juventud, pero tantos años en Inglaterra, a donde emigró a estudiar luego del golpe militar, lo impulsaron a retornar a Europa. A partir de entonces Ian solo recibía, de vez en cuando, una suma que le permitía hacer frente a los gastos más importantes. Ambos amigos tuvieron que buscar trabajos esporádicos. Bastián trabajaba en una pizzería los fines de semana. Ian logró que una revista lo tomara como periodista en práctica, pero, como era aún estudiante, solo recibía una pequeña suma, apenas para sus gastos mínimos.

Sin embargo, los amigos, con cierto sacrificio, habían conseguido reunir la cantidad necesaria de dinero como para asistir al Encuentro Ancestral Americano que se celebraría dentro de dos semanas. Justo coincidía con sus ya merecidas vacaciones.

Este sería el segundo evento al que irían y no se lo perderían por nada. Esperaron con ansias saber cuál sería el mes en que se realizaría; no siempre era en la misma época del año. Cuando les confirmaron que en esta oportunidad sería a finales de noviembre, quedaron felices: coincidía perfecto con todo. Al regreso, Ian comenzaría a trabajar en un noticiero de una cadena de televisión, y Bastián integraría la plana de profesores en la especialidad de física en la misma universidad.

Tiempo pasado

Tlanté había citado a la tríada para una importante reunión. Waman, el amauta y Curaca deberían viajar hasta el lago Titicaca para cruzar el portal, escondido en la zona de July. Se reunieron en Coricancha gracias a una invitación de Atahualpa para ocupar una de sus salas. Por razones de Estado, el gobernante permanecía en el Cusco y no subiría a Machu Picchu por el momento. Esta noticia alegró a Tlanté. No solo por el cómodo espacio que les facilitó, sino porque así podrían subir juntos, una vez que él también terminara los asuntos pendientes con sus alumnos.

—Ahí, en ese umbral, ustedes, la tríada, deberán ejecutar el ritual sagrado de intensificación de una red de frecuencia luz, desconocida en este mundo, tejida en los albores de los tiempos por una gran civilización que habitó lo que después sería el continente americano. De ese modo, quedará nuevamente activa en la malla creadora del planeta —les decía a los atónitos viajeros que poco o nada le entendían. Pero eran obedientes y cumplirían en todo sin cuestionar.

Los amigos ignoraban los efectos que este sacro oficio tendría en el futuro. Las indicaciones de su guía estelar coincidían en gran medida con las «ofrendas» y «pagos» a la Pachamama que acostumbraban realizar en su pueblo. Su preocupación era si lograrían traspasar el umbral sellado en la roca.

—Por favor, amados hermanos, mantengan su alerta durante toda la travesía. El viaje se iniciará en tres días más. Nos reuniremos esa madrugada en casa de Kuntur para ultimar detalles.

—Amauta, usted debe saber si eso es posible, ¿verdad? —preguntó con ansiedad Waman, mientras esperaban al maestro, quien daría las últimas instrucciones antes de su partida al lago.

—¡Ay, angelito!, no proyectes dudas sobre aquello que aún no conoces, porque todavía no existe. Más bien ocúpate en crear y sentir que todo es posible y fija tu atención solo en nuestro propósito.

—Además, podemos llevar algunas armas por si tenemos que enfrentar peligros —aportó Curaca—. No conocemos esos territorios, y como seremos forasteros pueden creer que somos bandidos.

—¡Pero, Curaca, hermano!, tienes deformación profesional. Claro, como eres guardia del Imperio no olvidas tus costumbres antiguas —replicó Waman con una sonrisa entre compasiva y divertida—, aquí las armas no nos van a servir —concluyó.

Estaban reunidos ya en casa del amauta. El lugar estaba aún en penumbras.

Kuntur, en la cocina, preparaba unas bebidas calientes para paliar el frío de la madrugada, cuando sintió un estruendo en la sala principal. Tianté había tropezado con los bultos y quepes que habían quedado a la entrada de la casa, para terminar en los brazos de Curaca que, siempre listo, se precipitó a atajarlo antes de que cayera al suelo de tierra.

—¡Ayayaicito, disculpe, maestro! —clamó Waman—, con la emoción olvidamos acomodarlos y, claro, con esta oscuridad usted no los pudo ver.

Con su buen humor de siempre arregló su banda alrededor de su cabello, se enderezó y con dignidad comentó:

—Hacía tiempo que no me sucedían estas cosas. Eso me pasa por distraído, venía mirando la estrella de la mañana, me bajó la nostalgia y aquí me tienen. Si no es por Curaca, mis rodillas estarían peladas y yo sufriendo el dolor. ¡Por Viracocha que no puedo acostumbrarme a esta forma de vida! Pero, bueno, ahora a lo nuestro —y se acomodó al lado de Kuntur, quien le traía una tizana.

—Para que se la tome calientita —le dijo.

Tenían poco tiempo. Ya el sol lanzaba sus primeros rayos y la habitación se iluminó.

—A cada uno de ustedes le voy a activar un circuito específico que les ayudará en caso de necesidad. Cada uno de ellos está representado por un símbolo. Curaca, tú activarás el «centro electrónico cerebeloso», que en su resultado físico se conoce como cerebelo. En el ser-energía luz original es un dínamo que produce una lluvia lumínica. Esta, ante una orden tuya, traspasará tus células y producirá una protección específica. Se esparce hacia tu cabeza como hacia el cuerpo, por eso se le llama la capa de invisibilidad, pero también te hace invulnerable. Quienes pasen a tu lado no podrán verte. En cuanto a ti, Waman, te corresponde activar la red de conexión con tu arquetipo original. Te dará acceso a la verdad y, a través de las redes de transferencia energética, cuyo circuito es una estrella de cinco puntas, le permitirá a tus pies ser alados y a tus manos sanar aquello que pueda ser curado y transformado. Y en ti, amauta, activaré el símbolo de la corona, el comando del buen gobierno y el correcto guiar. Es un circuito que, como una cinta en pequeños puntos lumínicos, rodea tus sienes y sus rayos emiten hacia arriba, formando, justamente, una corona de luz. Sin embargo, una vez cumplidas las tareas, estas potencias activadas ahora volverán a quedar selladas hasta que la tierra y esta humanidad estén en condiciones de resistir este embate energético.

Enseguida procedió a encender en cada uno de ellos los patrones correspondientes. Los efectos no se hicieron esperar.

—Amado maestro, me dio mucho sueño, ¿podríamos esperar hasta mañana y dormir unas horitas? —solicitó Waman.

Por su parte, Curaca había entrado en profunda reflexión respecto a sus sensaciones:

—¿Por qué me siento más grande y gordo que antes?

En cuanto a Kuntur, permanecía tranquilo y con una sonrisa disimulada de «aquí no ha pasado nada». Todo parecía tan humano y cotidiano, pero ya nada era igual.

—¡En marcha! —exclamó con voz fuerte el maestro.

Sin protestar, los tres se pusieron de pie, tomaron sus bultos y junto a Tlanté, quien los acompañaría un trecho del camino, iniciaron el viaje. Deberían llegar a los alrededores de Huancané antes del anochecer, eran cien kilómetros que tendrían que recorrer entre cumbres y quebradas. Su siguiente destino sería Puno y desde ahí a July, donde cumplirían con la misión sagrada. Al menos cuatro días demorarían en llegar al lugar.

La tríada, misión y ¿muerte?

Primeras escaramuzas

El calor se hacía sentir. Llevaban tres horas caminado cuando, ya bastante fatigados, decidieron servirse algo de comida que llevaban en sus quepes y aprovechar para dormir una pequeña siesta antes de reanudar la ruta.

—¡Vayan soltando sus pertenencias, ahora serán nuestras!

Curaca, quien dormía con un ojo, fue el primero en reaccionar, de un brinco estaba de pie enarbolando su lanza. Demasiado tarde: ante ellos, cinco forajidos los amenazaban con chambis[1] cuncca chucunas[2] de piedra y arcos con enormes flechas. Waman se levantó con cuidado, muy temeroso. Su primera reacción fue proteger al amauta Kuntur, quien impasible permaneció sentado, al parecer ajeno a la difícil situación que estaban viviendo. Sin poder oponer resistencia, debieron aceptar que se llevaran todo, incluyendo sus mantas, con las que esperaban cubrirse esa noche para escapar del frío al alojar a la intemperie.

—¡Cómo pudimos olvidar las advertencias de estar alertas en todo momento y el uso de nuestras capacidades que activó Tlanté! Debí cubrirme con la lluvia lumínica de la capa, apenas

---

[1] Chambi: Mazo.
[2] Cuncca chucuna: Hacha rompecuellos.

emprendimos el viaje, así los habría protegido —se lamentaba Curaca.

—Esos son los hábitos que hemos adquirido a lo largo de esta vida, es muy difícil dejarlos de un día para otro. Es más fácil reaccionar de acuerdo con nuestras costumbres. No te sientas responsable, hermano, así vamos aprendiendo —lo consoló Kuntur.

Waman guardaba silencio mientras pensaba:

—Si supiera cómo podría haber utilizado mis facultades, pero en este caso creo que no servían. Tendré que practicar para descubrir su función.

En vista de la situación, no les quedó otra cosa que ponerse de inmediato en marcha, a ver si les resultaba llegar a algún pueblo y buscar una posada que los acogiera sin que les pidieran el trueque acostumbrado. Solo iban con lo puesto. Pero no tuvieron éxito, el camino se alargaba más y más sin encontrar siquiera una cabaña. Cinco águilas planeaban en círculo a baja altura sobre las cabezas de los viajeros. Kuntur frunció el ceño:

—Nos están avisando... —murmuró mientras escudriñaba su vuelo—, giran hacia la derecha... es algo que viene hacia adelante —precisó. Al escuchar sus palabras, Curaca y Waman, con gran velocidad, procedieron a activar sus poderes por lo que pudiera suceder. Ninguno tuvo dudas sobre este ataque. Las fuerzas opuestas habían iniciado su ofensiva.

La oscuridad los alcanzó en medio de la naturaleza. Tenían hambre y frío, y el cansancio comenzaba a afectarlos. Pensaron parar unos momentos para reponer fuerzas y buscaron un lugar abrigado no lejos del camino. El primero en dejarse caer fue Waman, pero antes de tocar el suelo fue alzado en brazos por Curaca, quien con su capa activada se encontraba protegido de los eventos externos. El muchacho estaba a punto de tenderse sobre una boa enorme, que esperaba darse el festín de su vida con ese humano que llegaba directo a su paladar.

—¿Cómo no la vi? —reclamó con asombro el afectado—, juraría que aquí no había nada.

Al volver la vista para saber qué había pasado con la serpiente, el suelo no guardaba señales de su paso. Una vez repuestos del susto, buscaron un espacio más abierto y acordaron turnos de vigilia. El primero en realizarla fue Waman.

Ya era noche cerrada y el chasqui se paseaba de un lado a otro para no dormirse. Un silbido extraño lo alertó: provenía de ninguna parte, estaba en el aire. La naturaleza enmudeció, la brisa nocturna se aquietó y el ambiente se llenó de una espesa niebla. Alcanzó a despertar a Curaca, pero el amauta ya había sido totalmente cubierto por la bruma. Lo buscaron a tientas, sin resultado. Tan de improviso como vino el fenómeno, así desapareció, y con él también Kuntur.

¿Qué hacer? Los amigos estaban desconcertados. Si bien sus poderes los ayudarían en estos momentos, no sabían cómo hacerlo. Hasta que, con un chasquido de sus dedos, Waman exclamó:

—¡Lo tengo!

Descubrió que el uso de su velocidad para desplazarse sería útil esta vez. Correría hasta el Cusco a ver a Tlanté para que los asistiera. El maestro podía usar poderes ilimitados cuando se trataba de ayudar a otros. De inmediato puso sus pies en marcha y se le vio desaparecer con la velocidad del rayo. Parecía volar y ningún escollo del camino impedía su paso. Por su parte, Curaca se envolvió en su capa-lluvia de luz plata azulada y se dispuso a esperar los acontecimientos.

Poderes, fracasos y ensayos en marcha

—¡Maestro, maestro, tiene que ayudarnos, se llevaron al amauta Kuntur! —gritaba a todo pulmón el chasqui que en fracción de minutos había llegado a la posada donde se alojaba Tlanté. Este reaccionó de inmediato y, a través de su visión remota, recorrió el espacio en busca de su amigo.

—Lo tienen atrapado entre lianas no muy lejos del lugar donde ustedes estaban. Han convocado a ciertos elementales de la naturaleza, dominados a través de sus poderes para que les sirvan en sus propósitos. No tienen presencia visible y controlan ciertas fuerzas de la naturaleza —detallaba en voz alta—. Son seres que llegaron al principio de la colonización de la tierra desde un lugar sombrío. Un planeta destruido por ellos mismos y del cual huyeron. Desde entonces han estado presentes y tratan de regir los destinos de la humanidad para sus fines, que son los mismos de siempre —profundizó la observación y entró en sus pensamientos:

"Esperan que aborten su misión. Ellos no saben qué van a hacer ustedes, pero han visto su luz y eso no es un buen signo para sus fines, ni tampoco para su tríada, porque estarán en peligro constante hasta que la tarea sea cumplida. ¡Vamos, no hay tiempo que perder, debemos liberarlo antes de que lo trasladen al inframundo, donde podría perder su identidad! —exclamó.

El maestro tomó del brazo a Waman y se trasportaron directamente al sitio descrito por el sabio. La atmósfera selvática era densa y un olor nauseabundo llenaba el ambiente. Ahí, prendido a una araucaria, casi formando parte de su tronco, estaba Kuntur, rodeado de luciérnagas que iluminaban la escena e impedían que los secuaces de las sombras cumplieran su objetivo. Los reinos de la naturaleza que servían al propósito superior estaban protegiendo al sabio amauta, pero no podían liberarlo.

Con un solo gesto de la mano en alto, el maestro hizo que las ataduras cayeran, Kuntur pudiera apoyar los pies en la tierra y caminara hacia ellos. Después de agradecer a los elementales que lo habían protegido, Tlanté tomó a los dos amigos por los hombros y en un santiamén los depositó junto a Curaca, quien no cabía en sí de alegría por la rapidez con que el buen amauta había sido rescatado.

—No me es permitido hacer la tarea por ustedes, por eso mi ayuda termina en este punto donde ustedes quedaron —les expresó el guía—. ¡Que la victoria sea en su misión! —dijo a modo de despedida, mientras se desvanecía en el espacio nocturno.

Era de madrugada cuando llegaron a las inmediaciones de Huancané. El lago ofrecía un espectáculo extraordinario. Los rayos del sol recién asomado irisaba las aguas quietas de esas horas; el viento no hacía aún su aparición. Los cerros tutelares, vestidos de nieve, vigilaban la escena. Se arrodillaron, agradecieron a la Pachamama y pidieron permiso a los guardianes de las montañas y del lago para entrar en sus territorios.

El lago sagrado

Los sucesos de la larga jornada los tenían al borde de sus fuerzas; hasta Curaca, entrenado en estas lides y famoso por su resistencia, había sentido los embates sufridos en contra del equipo.

—Fue una batalla inesperada que hemos ganado, aunque no la guerra —filosofaba el guerrero mientras saboreaba unas tortillas en la primera posada que encontraron, donde el dueño resultó ser pariente de uno de los compañeros de Waman en la iniciación de la Huaraca, así que había aceptado que no hubiera trueque.

—Será un convite de mi parte —les dijo—. Al rato, la tríada dormía a todo dar, ni siquiera los ronquidos de Curaca impidieron el sueño reparador.

El primero en despertar fue Kuntur, quien de inmediato se dirigió a orillas del lago para entrar en profunda meditación con la vida del lugar. Si Yank hubiera estado junto a él, con su aptitud habría podido ver cómo emergían de sus sienes cientos de filamentos de luz que se elevaban formando una corona, su circuito activado de conexión.

Dos barqueros, torso descubierto, brazaletes y petos de oro lo invitaron a adentrarse en el lago. Remaban suavemente mientras la barca de totora, terminada en cabeza de pájaro en la proa, se deslizaba hacia el centro del Titicaca.

—Estás en el lago sagrado. Los amados meru esperan tu visita —le indicaron.

La luz era enceguecedora. Estaban ante el umbral del templo. Nunca pudo ver sus rostros, tanta era la luminosidad que despedían. Ahí estaban ambos. Eran dos, él y ella. Y, sin embargo, uno.

—Gracias, amado Kuntur. Sabemos el gran servicio que prestarán dentro del gran plan superior que deberá culminar en ciclos de experiencias fuertes, antes de que la victoria pueda crearse. Estaremos protegiendo su tarea. Sin ella, se interrumpe el enlace sin tiempo. Lleva estas bendiciones a tus compañeros —y le entregaron una estrella de oro de cinco puntas dentro de una chacana—. Es un gran símbolo que deberá formar parte de una gran iniciación cuando la tarea final se lleve a cabo. A través suyo será recibido por todos en la tela del tiempo que llaman futuro.

Sintió cómo traspasaba la puerta para el regreso. Ante sus ojos, el lago se mostraba en su intenso azul y los barqueros lo esperaban. Se vio transportado nuevamente a la otra orilla.

Una sombra fresca sobre su figura y unas gotitas de agua lo trajeron de vuelta al entorno. Frente a él, Waman lo miraba sonriendo, mientras le salpicaba sobre el rostro un resto del líquido que quedó en sus manos cuando las sumergió en el borde del lago.

—¡Qué hermoso lugar!, ¿no, amado amauta? —Kuntur se limitó a sonreír, aún no salía del estado de éxtasis que le había provocado esa experiencia extraordinaria—. Vengo a avisarle que ya estamos listos para reanudar el viaje —le anunció.

—¡Al fin! Puno a la vista —exclamó Curaca con alivio. Como era el fuerte del grupo lo hicieron responsable del bulto con provisiones y unas mantas que les había regalado el gentil posadero. Él no se había hecho del rogar, como buen jefe guerrero tenía que demostrarles su capacidad de resistencia.

Intercambiaron unas pocas provisiones con los dueños de una cabaña a las afueras del pueblo. Ellos fueron muy amables y les permitieron alojarse durante las pocas horas que pasarían en esos sectores.

Otro día de camino los llevó finalmente a los cerros rocosos de July. Había llegado el momento crucial. Les llamó la atención que todo hubiera transcurrido tan tranquilo en ese tiempo.

—¿Se habrán aburrido de perseguirnos? —consideró el ingenuo de Waman.

—Recuerden, no debemos bajar la guardia. Yo creo que eso esperan, por eso hacen parecer que todo ha terminado —señaló Kuntur.

Estaban encaramados en una enorme roca café rojiza, del color de todas las del sector. En medio de sus reflexiones, contemplaban el lago que se abría majestuoso hacia el horizonte hasta confundirse con el cielo.

Casi era medio día. Tendrían, quizá, dos horas máximo para llegar al lugar y encontrar la roca que ocultaba el paso secreto que los conduciría al «lugar de la ausencia, donde la creación aún no es y todo es posible». Sabían que solo les era permitido conocer la entrada. El resto pertenecía al silencio actuante de la tríada como gestores del plan diseñado en los universos superiores.

—¡Ahí está, tiene la señal! —gritó Waman, quien se había adelantado para deslizarse por todas las distintas colinas con sus pies alados, así evitaba a sus compañeros esfuerzos inútiles—. Ya tendrían su afán cuando deban atravesar la barrera —se había dicho.

Kuntur y Curaca, entusiasmados, se acercaron veloces al lugar. Al fin estaban a punto de cumplir el encargo; faltaba encontrar la manera de pasar y después, quizá, qué sucedería.

La enorme roca mostraba en un borde el símbolo que Tlanté les había mostrado. Pero no existía ninguna señal que mostrara un paso hacia su interior. Se detuvieron a escasos pasos del muro. Acordaron redoblar sus potencias antes de intentar buscar un resquicio que les indicara alguna entrada. Algo hizo que los tres levantaran la mirada al mismo tiempo hacia la parte superior de la gran piedra. Sobre ella pudieron ver la silueta de Tlanté: de pie, con los brazos abiertos a lo alto, parecía formar una copa con su cuerpo. En ese momento un fino rayo de luz bajó del cielo y entró por su cabeza para anclarse en el corazón produciendo un sol en su centro. El haz de luz generó un resplandor que iba desde sus manos hacia la cúspide del rayo, que se perdía en el infinito. Todo sucedió en un instante y la figura del sabio se esfumó como si nunca hubiera estado ahí.

Después de quedar en silencio por un buen rato para digerir esa experiencia compartida, Waman sugirió:

—¿Qué pasa si activamos por completo nuestro programa tal como nos enseñó el profe?

—Pero él dijo también que esta activación no puede ponerse en práctica hasta que los cuerpos físicos estén preparados, y eso ocurrirá en generaciones futuras —previno Curaca.

—Veo que has recibido la inspiración, Waman. Tlanté lo ha concedido en esta aparición.

Y como respetaban profundamente al amauta, se acercaron a la roca hasta sentir su fuerza y, sin dudar, procedieron a activar el holograma original.

Sus cuerpos se sacudían como si se hubieran electrocutado. No estaban preparados para recibir una corriente de tan alta frecuencia desde el origen del universo. Ni siquiera el planeta estaba aún en condiciones de albergar tamaño potencial. Con los dientes apretados y gran determinación resistieron el proceso. Entonces ocurrió el prodigio: se encontraron flotando en un espacio absolutamente vacío, sin embargo, toda la vida fluía allí. Imposibilitados para comprender el estado en que se hallaron, solo les quedó vivir la experiencia. Cada uno recordó la historia de los puntos que les había narrado el maestro, sus sentimientos se aquietaron y pudieron moverse transformados en seres de pura luz. Estaban en sus estados originales, listos para iniciar su ritual sagrado que instauraría una nueva red creadora en la malla del universo. Supieron, recién en esos momentos, cuán fundamental era su tarea de apertura para los que vendrían en tiempos futuros a intensificarla. Así el gran plan podría realizarse.

Sin embargo, desconocían que ese ambiente era intermedio. Estaban insertos en la misma malla donde se movían las acciones de todos los seres-energía que habitaban el mundo antes de manifestarse en la materia. Era invisible a quienes habitaban el mundo físico, por lo tanto, existían creaciones tanto erradas como acertadas y todo podía suceder. Un descuido en esos momentos podría significarles el fracaso y, tal vez, ni siquiera pudieran volver a ocupar sus cuerpos físicos.

¡Atrapados!

Una corriente helada los envolvió de manera súbita sin que pudieran prevenir su aparición. Sus cuerpos sutiles dejaron de irradiar luz para convertirse en moldes de hielo, inmóviles y detenidos en sus funciones creativas. Una vez más habían caído en manos de las fuerzas oscuras, y esta vez parecía que sería de manera definitiva. En realidad, nunca estuvieron fuera de su vigilancia. Ya no había nada más que hacer, un sopor interminable los precipitó a la nada de su ser; la tríada estaba completamente a merced del poder imperante en la malla. Los herederos de la línea del tiempo catastrófica habían construido su imperio en la memoria del planeta Tierra y sus emisarios habían cumplido con éxito su misión. El gran plan había sido abortado.

El ojo de Cyclopea

Yank se paseaba de un lado a otro en su habitación. Hacía días que veía desfilar a su alrededor una serie de imágenes luminosas. Las veía desplazarse veloces, parecían inquietas señalándole algo que no podía descifrar. Necesitaba contar a su maestro esta experiencia, pero él había sido firme en advertirle que una vez entregadas sus herramientas, Yank debía seguir solo para asumir la responsabilidad por la que había venido a este mundo en esta época. Además, en el último tiempo, otra experiencia trascendental lo había impactado.

En una de las ocasiones en que activaba su circuito de conexión y el ojo interno, entró en un campo de vida extraordinario, donde encontró a quien parecía ser un gran dignatario inca, resplandeciente:

—Soy Ticsi Viracocha, pero también me conocen como Tunupa, encargado de ordenar el mundo. He venido a ti para presentarte ante grandes señores que tienen algo especial para ti. Su intención es completar la instrucción que te diera Tlanté.

Un majestuoso personaje de rasgos orientales llegó a él para explicarle sobre el uso de lo que llamó el tercer ojo. Le habló sobre seres llamados yoguis que a través de su obediencia lograban grandes victorias en servicio a la humanidad. Mencionó a lamas que servían al mismo gran plan con mucho sacrificio y buen humor.

—Te daré la clave que hemos descifrado quienes alcanzamos la realización. Ten siempre presente la media vía y la compasión como tu emblema de vida —fueron sus últimas palabras antes de desaparecer para dar paso a la figura imponente y luminosa de un ser hermoso, de mirada profunda y bondadosa.

Yank sintió cómo su mano se había posado sobre su hombro, mientras le trasmitía:

—La lámpara del cuerpo es el ojo. Cuando tu ojo es bueno, todo tu cuerpo se llenará de luz. Si tu ojo es malo, entonces también tu cuerpo estará en tinieblas. Así que, si todo tu cuerpo está lleno de luz, serás una lámpara que iluminará. Ahora te daré la clave que devuelve al hombre su identidad divina. Ama a Dios por sobre todo y al prójimo como a ti mismo, así crearás mundos de perfección.

Las tres apariciones mencionaron una misma frase misteriosa:

—Somos los mismos.

Su corazón latía con inusual frecuencia, tenía la idea de que, esta vez, Tlanté haría una excepción. No se sentía capaz de discernir con tan corto tiempo de preparación cuál sería la manera correcta de actuar ante eventos como los sucedidos. Así que dio un profundo suspiro, abrió la puerta y se lanzó a la aventura.

—Quien no se arriesga no pasa el río —se dijo. Esa frase la había tomado prestada de su profesor y era perfecta para darse ánimo.

¿Abandonados?

Llevaba ya un buen rato esperando ante la puerta de la habitación del maestro. El posadero le había informado que no lo había visto desde la noche anterior y no sabía cuándo regresaría.

—No me iré sin verlo. Tengo un presentimiento feo y quisiera equivocarme pero, si así fuera, debo saber cómo manejarme bien ante cualquier imprevisto —pensaba, resuelto a pasar por cualquier contratiempo para lograr sus fines, tal como era su característica.

Pero Tlanté nunca llegó. Ya de noche tuvo que obligarse a regresar a casa. Iba cabizbajo y tenía sentimientos encontrados respecto a su guía:

—Si es tan poderoso, ¿cómo es posible que no haya sospechado siquiera que yo necesitaba verlo?

No bien traspasó la puerta, las apariciones luminosas se intensificaron; esta vez eran más numerosas y estaba seguro que algo querían decirle. Pudo distinguir en medio de ellas otras figuras algo más densas. Para tratar de identificarlas activó especialmente su ojo único con la orden respectiva. Y entonces los vio: eso era lo que esos seres querían advertir, Waman y sus dos compañeros eran formas sin vida, que parecían colgar como marionetas abandonadas.

—¡Qué puedo hacer! Tlanté me advirtió que debía ayudarlos si se encontraban en dificultades y parece que el momento llegó... Calma, Yank, tú puedes, solo piensa un poco... —se dijo.

Salió a contemplar la noche con la intención de buscar en los huecos que dejan las estrellas, así como lo hacían siempre sus antepasados, alguna señal que lo guiara; y allí estaba la constelación de la Yacana[3] justo sobre su cabeza. La tradición decía que si se posaba encima de alguien le transmitiría mucha suerte... ¡Y por Inti que la necesitaba ahora! Pero no fue todo. De uno de sus ojos un rayo de luz intensísimo llegó directamente a él. Se estremeció y la comprensión llegó.

—¡Claro! Tengo que utilizar el ojo como ese rayo. Espero que no sea demasiado tarde. Un arma de luz tan poderosa como esta debería cortar el vínculo con la fuerza que los mantiene aprisionados —sin pensarlo dos veces, se puso a la tarea fuera del tiempo y el espacio, desde el instante creador, hacia la manifestación.

Yank dio la orden y un rayo de luz azul acerado salió a través de su frente y perforó la capa humeante de disolución, para enseguida quemar en un instante las raíces que la crearon.

---

[3] **Yacana:** Constelación oscura andina que tiene forma de llamo. La tradición cosmogónica de los Andes ve las constelaciones en los huecos oscuros que dejan las estrellas.

—«La luz no combate, actúa por presencia y disuelve las sombras», le había dicho su maestro. La tríada debería estar a salvo, pero nada le confirmaba que así sucediera.

Desde su habitación en la posada de la ciudad, Tlanté miraba al cielo sonriendo:

—Bien hecho, Yank —murmuró con un aire de complicidad, cerró la ventana y se dispuso a dormir.

Comprender lo incomprensible

Como si despertaran de un sueño eterno, los tres compañeros se miraban entre sí algo desconcertados. No recordaban absolutamente nada de lo sucedido. Les costó volver a entender quiénes eran y qué hacían en ese espacio en blanco. El primero en reaccionar fue el amauta, quien había sentido cómo, de forma espontánea, el circuito que rodeaba su sien se abría en numerosos rayos dorados formando una corona de luz que atraía la información superior. Así pudo explicar a Waman y Curaca cuál era su situación y por qué estaban en ese lugar. Gracias a la acción de Yank y la explicación de Kuntur, la tríada recuperaba poco a poco la luminosidad de sus cuerpos y, con ello, sus memorias.

En tiempo terrestre, faltaban tres minutos para las tres; era el momento de actuar. Entraron en el gran silencio y nada más se supo de sus acciones, hasta que una vez más se encontraron ante la roca café rojiza, frente al lago. La misión fue cumplida.

Luz y oscuridad se entrelazan. Los enredos del tiempo se desatan

Año 2014

Ya eran las tres de la tarde y los portones de la hacienda donde se realizaría el encuentro de Raíces Ancestrales estaban ya abiertos para recibir al gran número de participantes que se integrarían a compartir experiencias y aprender sobre la sabiduría ancestral americana. Ceremonias, conferencias, enseñanzas, temazcal y la compañía de los «abuelos» mayas, toltecas, incas, mapuches, aymaras y de otros chamanes venidos de distintas partes de América.

Bastián e Ian llegaron al atardecer. El bus que los traía sufrió un desperfecto a la salida de Santiago y tuvieron que bajar. Si no fuera por su amigo Aliwen, que los vio haciendo *autostop* cuando pasó en su viejo auto cargado de yerbas para regalar durante sus clases, se habrían perdido el rito de apertura, uno de los más importantes. Durante el viaje se enteraron por su amigo que su hermana Alon[1] y su amiga Itzel[2] ya estaban en el lugar.

Se habían conocido en la convención del año anterior y desde entonces siguieron en contacto. Sentían que no era la primera vez que se encontraban, tanta había sido la afinidad

[1] Alon: Luz. Nombre mapuche.
[2] Itzel: Lucero de la tarde. Nombre maya.

entre ellos. Aliwen Mahuel[3] y su hermana, Alon Mahuel, eran de origen mapuche. Alon estudiaba el último año de antropología y Aliwen ya había recibido el título de biólogo y se había dedicado a la botánica. Había descubierto el uso medicinal de las malezas, esas plantas que todos arrancan por considerarlas una amenaza para sus jardines y cultivos. Por su parte, Itzel Mamalhuaztli[4] era hija del «abuelo» maya Chakte,[5] a quien acompañaba a estas reuniones siempre que sus estudios se lo permitieran. Esta era la segunda vez que venían de México para participar de estas reuniones. Itzel estaba recién egresada de psicología.

La celebración estaba en su apogeo. Los grupos se habían distribuido en las distintas actividades preparadas para esa primera noche. Los cinco amigos, luego del rito de apertura, se inclinaron por las danzas. Bailaron y cantaron hasta las nueve de la noche, hora en que cesaba todo movimiento y los participantes se retiraban a descansar. A las cuatro de la madrugada asistirían al saludo al sol.

El segundo día transcurrió lleno de experiencias y nuevos aprendizajes que, a cada instante, dejaban más señales en el corazón de los jóvenes. Asistieron a las clases de Aliwen sobre los beneficios de las llamadas «malas hierbas» que todos arrancan de sus jardines y sembradíos. Era una de las actividades más concurridas de esa hora. Mientras su amigo explicaba a los asistentes sobre los recientes estudios que daban a esas plantas poderes medicinales y alimenticios muy importantes, Ian recordó uno de sus sueños.

Estaba en lo alto de una montaña, parecía ser Machu Picchu. Se encontraba en medio de una explanada, donde un maes-

[3] Mahuel: Estrella. Nombre mapuche.
[4] Mamalhuaztli: Niña de Orión. Nombre maya.
[5] Chakte: Principal del lugar. Nombre maya.

tro de figura graciosa a quien recordaba haber conocido en las otras incursiones oníricas, vestido con una tenida algo diferente a las típicas vestimentas incas, se despedía del pueblo. Entre sus últimas palabras antes de marchar daba a conocer una clave para tiempos futuros. El sabio anunciaba:

—Cuando reconozcan las «malas hierbas» como sanadoras será señal de que el tiempo del gran plan ha llegado.

¿Serían estos los momentos? ¿O simplemente fue un sueño? Más tarde, una vez en Santiago, comentaría esa experiencia a Aliwen, tal vez él supiera algo.

La revelación

La última jornada de ese encuentro mágico había terminado. Una vez más la búsqueda de la integración de la sabiduría ancestral con la cultura actual del continente había sido exitosa. Los movimientos que se realizaban en América, con estos objetivos, eran cada vez más numerosos. En esta ocasión, la asistencia fue cercana a las cuatro mil personas. Al día siguiente, los asistentes comenzarían a regresar a sus lugares desde temprano y ya preparaban la gran fogata que realizarían como despedida. Los amigos decidieron participar solo en su inicio, para luego dedicarse a recorrer el lugar. Sería el único momento en que podrían conversar sin prisas.

Era noche de luna llena, se encontraban bastante lejos cuando vieron acercarse a ellos a un anciano indígena. Nadie lo había visto durante el encuentro.

—Soy Qunak, el consejero —se presentó y, en seguida, sacó de entre sus ropas un cuerpo geométrico en forma de estrella de unos cinco centímetros de diámetro, y les dijo—: Esta kuyllúr[6] representa una warani,[7] ustedes la conocen como Merkabah, aunque es solo uno de sus nombres y potencias. Ellos también están aquí, son hijos del cristal, y les envían este presente —y sin más explicaciones, se la entregó a Ian con la siguiente recomendación—: Waman era tu nombre y te harás responsable de su cuidado... En cuanto a ti, Bastián, te llamabas Yank y tendrás a cargo su protección —luego saludó a Itzel y Alon a quienes les dio un mensaje—: La tríada está por formarse. Pronto conocerán a quien la completará. A partir de ese momento su gran tarea comenzará —y en enseguida les hizo una advertencia—: La noche se hace cómplice de quienes se oponen al plan, cuidado.

Dicho esto, dio media vuelta y se alejó hacia las montañas hasta perderse a la distancia ante el asombro de los jóvenes que aún permanecían inmóviles y mudos ante tan insólito encuentro. Ian tenía aún en sus manos la estrella de cristal que con la luz de la luna aumentó su fulgor. Los cuerpos de los amigos resplandecían bajo su radiación.

—¿Así que te llamas Yank? Bonito nombre —comentó Ian con una sonrisa irónica.

—Así parece, y tú eres Waman, ¿verdad? —respondió Bastián con tono más serio. Le parecía que no podía echarse a broma este encuentro y las palabras del anciano. De inmediato regresaron al campamento, cada uno de ellos en profunda reflexión. Sería una experiencia que jamás olvidarían y tenían como testimonio ese extraordinario regalo del misterioso Qunak.

---

[6] Kuyllúr: Estrella.
[7] Warani: Constelación.

Las fuerzas oscuras atacan

Ya el paisaje tomaba las tonalidades grisáceas que anunciaban la llegada de la noche. Solo quedaban en la hacienda los encargados de la organización, que se alojarían hasta el día siguiente cuando entregaran las llaves a sus dueños, más los cinco amigos que decidieron ayudar hasta última hora y que ya se preparaban para regresar a Santiago. Viajarían con Aliwen en su pequeño automóvil.

Llevaban unos minutos de recorrido cuando Bastián, quien iba de copiloto, advirtió por el espejo retrovisor la presencia de una Hummer negra de vidrios polarizados, que los seguía muy de cerca. Aliwen confirmó la sospecha de su amigo, pero no quiso darle mayor importancia.

—En estas soledades, la oscuridad antes de que salga la luna logra que cualquier cosa nos parezca una amenaza —comentó.

En una maniobra repentina, el vehículo los adelantó y se atravesó ante ellos, obligándolos a frenar en seco. Antes de que pudieran reaccionar, seis muchachones altos y fornidos, vestidos de negro, con lentes oscuros pese a que era de noche, se abalanzaron sobre el pequeño vehículo.

Con insultos y ofensas a su origen indígena sacaron a la fuerza a las niñas y las arrastraron con gran violencia fuera del camino. Los tres muchachos se lanzaron sobre los atacantes con la intención de rescatarlas, pero fueron brutalmente golpeados. Quedaron tendidos en la carretera, inconscientes. Aliwen era el más afectado, tenía una herida en la frente a causa de un golpe con una piedra que le había lanzado uno de los agresores, y en el suelo habían quedado esparcidas y pisoteadas las plantas sobrantes que llevaba en una caja.

La situación era desesperada: los cuerpos de los jóvenes permanecían inmóviles, y la oscuridad no dejaba ver qué ocurría con Alon e Itzel. Solo sus gritos pidiendo ayuda en medio de las risotadas de sus captores quebraban el silencio. No había señales de ningún vehículo en el camino; parecía que todo terminaría ahí. Eran tiempos eternos. Un zumbido agudo proveniente de ninguna parte se dejó sentir en el ambiente, acallando lamentos e improperios. A medida que el sonido se intensificaba, una espesa niebla cubrió la dramática escena justo en el momento en que asomaban los primeros rayos de la luna para iluminar el entorno y dejar ver, apenas, las siluetas esfumadas de los captores y sus víctimas.

Fue entonces cuando un ruido ensordecedor, como un trueno, retumbó en el aire y trece guerreros incas, vestidos con sus tenidas de batalla, emergieron de la bruma. Armados de lanzas y hachas se abalanzaron sobre los seis atacantes antes de que alcanzaran a reaccionar y los inmovilizaron de inmediato. Liberaron a Itzel y Alon, que dentro de su angustia y llanto permanecían en el suelo abrazadas, hechas un ovillo, sin darse plena cuenta de lo que ocurría. Solo podían entender que alguien las defendía y las levantaba en vilo para dejarlas cerca del vehículo de Aliwen.

Ian recuperó la conciencia justo a tiempo para alcanzar a ver cómo los guerreros se desvanecían en el aire, y con ellos los seis matones. Todo esto ocurrió en un instante. La niebla desapareció tan rápido como vino y la luna se hizo dueña del entorno. Bastián y Aliwen tardaron en recuperarse. Las niñas, una vez que estuvieron más tranquilas, les prestaron auxilio. Alon eligió una de las hierbas esparcidas en el suelo y cubrió la herida de la frente de su hermano, hasta que este pudo recobrarse un poco. Por su parte, Itzel daba a beber unos sorbos de agua a Bastián, quien ya había recuperado la conciencia.

Algo mejor de sus lesiones, pero muy afectados por lo brutal y sinsentido del ataque, los amigos volvieron al auto. Luego de descansar unos momentos reanudaron el viaje. A excepción de Ian, extrañaron no ver a ninguno de los atacantes, quienes además habían abandonado el vehículo que aún estaba atravesado en la carretera. En el camino, Ian les informó sobre la verdad de lo acaecido.

—¿Guerreros incas? ¡Es increíble! —exclamó Bastián al enterarse.

—Ya no me extraña nada. Después del encuentro con el abuelo Qunak. ¿Recuerdan la advertencia que nos hizo? Él nos dijo que tuviéramos cuidado, que en la noche aparecen quienes se oponen al plan... pero, ¿de qué plan se trataría? —comentó Aliwen.

Por su parte, Itzel y Alon, aún conmocionadas, reconocieron que dentro de su estado pudieron sentir que al lugar habían llegado muchas personas. Pensaron que era la policía o bien otros viajeros que pasaban por ahí que llegaron a socorrerlas. Cuando abrieron los ojos, estaban solas y libres. Las conjeturas eran muchas, pero en todos ellos quedaba la certeza de que algo muy misterioso había ocurrido y les había salvado la vida.

—Mmm, ¿viajes en el tiempo? Es posible —reflexionó Bastián antes de deslizarse en su asiento para dormitar unos momentos.

Tiempo pasado, tiempo futuro, es lo mismo

—Maestro, hemos cumplido con su solicitud. Usted nos ha enseñado la libertad y la pusimos en práctica. Los guerreros de Huanacauri, que usted tan bien preparó, me acompañaron en esta incursión y los emisarios del inframundo ya están donde les corresponde —informaba Curaca al viajero estelar.

Estaban en la plaza del Cusco antes de la partida a Machu Picchu que se llevaría a cabo esa mañana. Tlanté sonreía satisfecho. Con su visión remota que traspasa espacio y tiempo observaba una escena. En ese lugar se desarrollaba una cruenta guerra. En medio de ella divisó a un grupo de seis rehenes del batallón enemigo que marchaba en medio de soldados fuertemente armados. Estaban en el nivel que les correspondía por encaje de frecuencias.

—¡Bien hecho, hermano Curaca!

Año 2015

¡No te metas en nuestros planes!

Esa noche, Ian estaba solo en el departamento. Bastián se encontraba en el sur y era probable que regresara en un par de días. Cansado después de un intenso día de trabajo, se tendió vestido sobre su cama y cerró los ojos para relajarse unos minutos.

De improviso, se encontró fuera de su cuerpo. Supo enseguida que no era un sueño. Estaba de pie en la habitación, veía su cuerpo en la cama y descubrió que podía desplazarse con facilidad a través de las paredes y también por el aire. Salió a sobrevolar la ciudad, pero de pronto se encontró en un lugar desconocido, frente a una torre alta y oscura. Por unos ventanucos se filtraba una débil claridad amarillenta. Su curiosidad lo impulsó a acercarse al edificio para averiguar de qué se trataba. Se introdujo en él a través de sus muros y enseguida se dio cuenta de que esa construcción estaba cabeza abajo, dentro de la tierra.

Un grupo de seres de terno oscuro, corbata negra y camisa blanca fraguaba un plan siniestro. Sintió el olor del mal, que había experimentado en el sueño anterior, con la diferencia de que esta vez estaba consciente y atrapado en esa cámara maloliente. Por razones que no comprendía supo que esos individuos eran los mismos que habían tramado sus planes destructivos en el inframundo en tiempos antiguos. Ellos ahora se encontraban en este siglo. Descubrió que eran seres-energía manifestados en distintos cuerpos, en distintas épocas. Comprendió que eran siempre los mismos. Cuando trató de regresar sin ser visto lo descubrieron. Regresó de un salto a su cuerpo. Tenía mucha fiebre y perdió el conocimiento.

Así lo sorprendió Bastián en la mañana del día siguiente, quien había adelantado el viaje porque sabía que algo le pasaba a su amigo, y no se equivocaba. Una extraña experiencia lo alertó esa noche. Ian estaba ardiendo en fiebre y no respondía a sus preguntas. Luego de poner paños fríos en su frente vio que su estado no mejoraba, deliraba y se le dificultaba respirar. Preocupado, llamó a Aliwen para solicitar su ayuda. El amigo llegó de inmediato con su maleta de hierbas y su medicina mapuche pero, al examinarlo, se dio cuenta de que el problema era mucho más grave de lo que se pensaba.

—Bastián, hermano, nuestro amigo fue atacado por fuerzas poderosas y me temo que están tratando de sacarlo de este mundo. No sé dónde estuvo metido ni qué ha descubierto; no lo quieren vivo. Habrá que hacer un machitún.[8] Tendrás que asistirme y esperemos que todo salga bien.

---

[8] Machitún: Rito sagrado mapuche, realizado por sus sabios o machis, para sanar o alejar a los malos espíritus.

Sacó de su valija hojas de canelo y otras hierbas que consideró necesarias, además de algunos implementos para el ritual. Luego de invocar la ayuda de sus antepasados, entró de lleno en el rito acompañado por Bastián, quien operó como asistente.

El aroma a hierbas aromáticas quemadas por Aliwen llenaba el ambiente de una calma benéfica, necesaria para protegerlos ante lo que pudiera venir. Rato después la habitación era un caos, los objetos saltaban de su sitio al suelo y las cortinas se movían sin que hubiera viento. Los dos jóvenes seguían firmes en su tarea. Ian se agitaba por momentos y en otras ocasiones parecía entrar en un sopor profundo. La contienda duró largo tiempo, hasta que, con un ruido ensordecedor, un rayo azul, salido de la nada, traspasó el cristal de la ventana. De inmediato llegó la calma y todo quedó en el más absoluto silencio. Parecía que nada hubiera pasado. La única señal de que en ese lugar había ocurrido algo extraordinario estaba en el ventanal trizado. Con ayuda de lo invisible, Aliwen junto a Bastián habían ganado la batalla.

El afectado permanecía acostado, pero ya respiraba de forma normal. A los pocos minutos estaba de vuelta, abrió los ojos y miró a sus amigos con curiosidad.

—¿Por qué está Aliwen aquí?, ¿y ese aroma tan agradable? ¡Ahhh, el vidrio! —exclamó al ver el destrozo ocasionado por el rayo—. ¿Podrían decirme qué ha sucedido aquí? —pidió.

—Más bien dinos tú qué te pasó. Hoy te encontré a punto de dejar tu cuerpo y gracias a Aliwen y a una experiencia que ya te contaré estás vivo y libre de sea lo que sea que te atacó —respondió Bastián.

Ian relató a sus amigos su aventura fuera de su cuerpo y reconoció que había sido muy temerario incursionar en experiencias que no dominaba. Pero sentía que dentro de su profesión de periodista había recabado información muy importante que seguro le serviría más adelante.

—¡Claro! Casi me costó la vida, pero valió la pena asumir el riesgo.

—¡Epa!, espera que te contemos nuestra historia y ya veremos si estarás tan contento con tu logro. No tienes idea en qué riesgo estuviste y todo lo que nos hiciste pasar, casi nos vamos contigo —lo reprendió con cariño Aliwen.

Los amigos de siempre

Una vez que Ian estuvo enterado de todo, y ya totalmente recobrados de la reciente aventura, Bastián relató la suya:

—Supe que Ian estaba siendo atacado porque lo vi en mi mente. Fue totalmente espontáneo. Estaba a punto de acostarme cuando sentí una intensa presión en el centro de la frente que me llamó la atención. Decidí sentarme y esperar que pasara. Pero, en lugar de ello, algo se abrió en esa zona, una especie de lente fotográfico a través del cual podía observar sucesos que ocurrían en otra parte, en un radio de ciento ochenta grados. Estaba muy sorprendido y encantado por esta experiencia cuando de repente apareció la habitación de Ian. Lo vi en la cama, rodeado por una bruma oscura que lo trataba de asfixiar. Entonces comprendí el porqué de esa vivencia. Fue curioso, me pareció que era Ian quien me llamaba y me trasmitía esa visión. Arreglé mi equipaje, me despedí de mis padres, que no entendían este cambio de planes, y tomé el primer bus de regreso a Santiago. Llegué esta mañana para enterarme de que todo lo que vi estaba sucediendo. Fue ahí donde te llamé, Aliwen y, bueno, aquí estamos. Pero hay algo más —continuó— no sé por qué les digo esto, pero el tiempo es controlado por quien conoce la ley que lo gobierna y la aplica correctamente. Es un creador. La creación determina el tiempo. No existe el pasado ni el futuro, solo el instante, el *momentum* de creación que graba en la malla y determina los resultados de esta existencia. Esa creación se da en un campo puro donde todo flota en escenas y tonos, en perpetuo movimiento y expansión.

Los amigos lo escucharon con atención, sin captar del todo su explicación. Solo lo sentían en el corazón y los llenaba de felicidad.

—Es bueno tener un amigo científico —dijo Ian. Luego los tres se unieron en un abrazo.

Adiós sin muerte

Tiempo pasado, confusión y desastre

Tlanté estaba inquieto, el tiempo terrestre pasaba y aún no podía tener esa importante conversación con el sapa inca y, además, había otro tema pendiente no menos importante: Quilla. A última hora, el gobernante le pidió que lo esperara hasta el día siguiente, para subir a Machu Picchu. Tenía imprevistos que solucionar en Cusco.

El sabio aprovechó ese espacio para adelantar un poco su observación sobre la situación de Quilla, a quien quería visitar apenas llegara a la ciudadela. Su visión remota le mostró una escena alarmante.

—¡No, no es posible, esto se pondrá muy feo! ¡Ay, Quilla!, ¿por qué no me has hecho caso? ¡Caramba! Y ahora, ¿cómo saldremos de esto? —dijo Tlanté.

Como por el momento nada podía hacer, decidió no pensar más en el asunto, ya vería qué hacer. Volvió a la posada a esperar el nuevo día.

El sol ya había asomado cuando emprendieron el viaje de regreso a las altas cumbres de Machu Picchu. Como deferencia al viajero estelar, Atahualpa y su séquito habían pasado a buscarlo a la posada muy temprano, para ofrecerle un buen desayuno y aprovechar el tiempo para iniciar la conversación tan esperada. Tlanté le agradeció y entre bocado y bocado, le insinuó una mejor ocasión:

—Hermano sapa inca, es aconsejable que estemos solos y con más tiempo para hablar de algo tan trascendental como lo que tengo que informarte. ¿Le parece que en cuanto lleguemos lo acompañe al palacio y entonces platicamos?

Pese a que la senda era empinada y el sol estaba sobre sus cabezas, el trayecto fue agradable, sin sorpresas que empañaran el disfrute de una brisa suave que los asistió durante toda la jornada. Fue así como, ya al atardecer, Atahualpa y Tlanté subieron sin problema los últimos escalones que los llevaban a la plaza central y de ahí al palacio.

—Ahora sí, sapa inca...

Sentados frente a las ruinas de las tres ventanas, Tlanté consolaba y aconsejaba a Quilla que, pese al dolor que sentía por tanta injusticia, y el abandono de sus compañeras, se había sobrepuesto y con inusitada calma escuchaba a su querido guía. Ya no era la niña algo ingenua que quería cambiar el mundo, ahora era una mujer que comprendía que lo más importante era ganar las batallas internas y que eran esas victorias las que resolvían los sueños más queridos.

—Si fuiste tú, los mismos hombres o las desobedientes vestales por este desastre, no tiene importancia. La verdad es que la humanidad vivirá en perfección solo cuando cansados de hacer su voluntad obedezcan a la ley divina y reconozcan la responsabilidad de sus propios actos. Tú no mereces esto. Los innovadores actúan siempre fuera de su tiempo. Por eso no han sido comprendidos. Reflexiona, Quilla, puedo ayudarte a huir lejos —dijo el viajero estelar.

—Le entiendo, señor Tlanté, y le doy gracias, sin embargo, voy a asumir mis actos. Será la única forma de que adquieran valor eterno y esa será mi victoria —respondió con firmeza la ñusta, mientras se levantaba para cumplir con su deber.

El regalo de la Atlántida

Tlanté la vio partir hacia el templo en la majestuosa postura de quien sabe lo que hace.

—No puedo permitir este holocausto. Sobre todo cuando tengo la certeza de que fue provocado por las huestes oscuras del inframundo. ¡Por los poderes que se me han concedido apelo a la divinidad en mí, y en todo, para la obtención de las grandes dispensas de la creación! Voy a revertir de inmediato esta situación —el guía sabía que la gran ley, en ciertas circunstancias, otorga estas concesiones y trae a manifestación algunas de sus maravillas, disponibles para esas ocasiones.

Con paso seguro se dirigió directamente al Templo del Sol, ubicado en la torre principal de la ciudadela. La sala central estaba custodiada por dos guardias, encargados de encender el fuego sagrado en los cuencos de oro cada noche, de modo que nunca se apagara la luz cuando el sol dejaba de alumbrar. Entró sin que los centinelas lo vieran; para ello pudo utilizar el poder de la invisibilidad. Una vez en su interior invocó la luz Maxim y de inmediato un pilar de luz extraordinario de dos metros de diámetro se precipitó en medio de la habitación ante el espanto de los dos soldados, que cayeron sentados al suelo de la impresión.

—¡El sol se vino al templo! —gritaron a coro antes de entrar en un sueño profundo. Ellos no podían enterarse de lo que ahí habría de suceder.

La luz Maxim era un pilar radiante de luz que existió en tiempos de la Atlántida, cuando aún los humanos respetaban los mandatos divinos. Al pasar por ese fuego insustento, que no quema, el individuo que terminaba su proceso terrenal de manera voluntaria se despojaba en armonía y plenitud de su vehículo físico. Desaparecía de este plano sin trauma, recuperaba su cuerpo de luz y entraba al nivel que le correspondía, según hubiera sido la calidad de sus actos en su experiencia terrestre.

Este pilar tenía la propiedad, entre otras, de trasmutar en alta vibración electrónica la densidad de la materia, para llevar a quienes lo traspasaban a su liberación, sin pasar por el cambio llamado muerte. Poco antes del hundimiento de ese continente, fue retirado a causa del rechazo vibratorio producto de los errores y malas acciones de sus habitantes. A partir de ese momento existe la muerte, un proceso difícil de sortear por el esfuerzo doloroso que significa la antesala de la liberación.

Una vez instaurada la luz Maxim por el periodo que durara la transición, Tlanté partió en busca de Quilla, antes de que fuera inmolada en sacrificio a través del paso de la muerte. Solo el inca sería informado de esta oportunidad de salvar a su hija de un error tan grande como era el acto que el pueblo iba a cometer, debido a su ignorancia y a la obediencia a las costumbres implantadas por los poderes oscuros del inframundo.

Mientras tanto, en los dominios del inframundo, los servidores de la fuerza oscura estaban satisfechos. Habían logrado su propósito y ya celebraban con gritos estridentes e invocaciones al bajo mundo su éxito. Los emisarios comentaban:

—Si Quilla muere como culpable de este terremoto provocado por nosotros, nunca podrá realizar a futuro su sueño de liberación...

—Mantendrá el estigma en su conciencia y asumirá como suya la responsabilidad de esta catástrofe...

—Además, retardamos el proceso. Ahora, al salir ella de este mundo, se continuará este ritual de miedo por cientos de años más, y nosotros aprovecharemos para aumentarlo...

—Cuando ella retorne será demasiado tarde para que, en tan poco tiempo de vida en la Tierra, pueda recuperar su conciencia anterior. Así, sentirá su derrota y fracasará...

—¡Y nosotros seguiremos reinando! Nuestra inducción para incitar a las acllas a la sublevación fue peligroso, podía resultar en un cambio pacífico, pero valió la pena el riesgo. Confiamos en las debilidades humanas.

Sin embargo, como siempre, ellos no podían prever los planes de la luz, su extrema densidad les impedía penetrar esos campos de creación más elevados.

En apariencia, las fuerzas oscuras habían causado el fin de la lucha de Quilla y despertado en el pueblo la traición de las mujeres, así como la condena de los hombres que piden el sacrificio humano y, con ello, el alimento para esas fuerzas. Sin embargo, la intervención de Tlanté permitiría que se cumpliera un plan de luz que contrarrestaría esas vibraciones al activar el pilar de luz que elimina la muerte y genera la transformación. Quilla dejaría su vehículo en alegría y, al dar el paso, descubriría su inocencia y, con ello, habría contribuido a implantar en la red de creación la semilla que florecería en manifestación futura.

La victoria

La encontró antes de que llegara a la plaza donde todo estaba preparado para su inmolación. Quilla iba ensimismada, sin prestar atención a su entorno. Pensaba en su sapa pacha. Por primera vez el sapa inca no participaría de esta ofrenda. Sumido en su dolor de padre, lamentaba su debilidad para imponerse en estas crueles costumbres para agradar a supuestos dioses inmisericordes. Tlanté le había enseñado la verdad acerca de los llamados «dioses» y le explicó sobre el reinado del amor y la verdad de Dios y sus hijos, que incluía a todos, y todos éramos pedacitos de Dios. En su habitación en penumbras rogaba a Inti y Viracocha para que alejara su infortunio.

—No, señor Tlanté, no deseo huir de mi destino. Vuelvo a agradecerle, pero ya me resigné —respondió la joven a la llamada de su guía, una vez reunidos.

Le costó al sabio convencerla de que era casi lo mismo, pero sin miedo ni dolor y que, además, así podría seguir con sus propósitos más adelante.

—¿Cómo que más adelante? Si ya no estaré más en la Tierra y no sé a dónde voy a ir a parar. Perdóneme, querido señor Tlanté, pero creo que usted está por primera vez algo confundido.

Con paciencia, el guía le fue explicando paso a paso las conveniencias de seguir sus consejos. También le informó sobre las acciones de la fuerza oscura para sacarla de este mundo antes de que lograra sus objetivos, y que el terremoto también había sido causado por ellos para que el pueblo la culpara. Terminó por convencerla y, antes de que la gente que ya llegaba al lugar del holocausto se percatara de su presencia, se escabulleron por una de las estrechas callejuelas rumbo al palacio del gobernante para avisar a Atahualpa acerca del evento, con la condición de que permaneciera en su casa.

—Es imperativo que solo estemos su hija y yo. Ya le informaré una vez que todo haya sido cumplido.

—El sapa inca, más conforme, agradeció a su amigo estelar y prometió esperar su llegada en cuanto fuera posible. Luego, padre e hija se fundieron en un abrazo y se dijeron adiós. Unas lágrimas corrieron por las mejillas de Atahualpa que fueron a acariciar la mejilla de su amada niña.

—¿Qué es esta maravilla? Siento una felicidad inconcebible solo con mirarla —exclamó admirada Quilla.

Acababan de entrar a la habitación circular donde irradiaba el pilar de luz Maxim. El lugar se encontraba encendido como en pleno mediodía. Los guardias dormían con una sonrisa plácida en el rostro.

—Este es un regalo del cielo para una mujer extraordinaria. Entra en la luz, querida niña. ¡Que los ángeles morenos te guíen y los serafines claros te reciban!

Sin dudar, la ñusta se deslizó dentro del pilar de luz y de inmediato su rostro se encendió de felicidad. Más hermosa que nunca resplandeció en destellos dorados. Su figura se fue desvaneciendo hasta desaparecer en luz.

—¡Hasta pronto! —dijo en voz baja el sabio estelar.

Antes de que los guardias despertaran, dio media vuelta y comenzó a bajar los escalones que lo llevaban de regreso a la calle, a esa hora, silenciosa y solitaria. El pueblo estaría reunido en la plaza, esperando la llegada de Quilla, quien nunca se presentaría. Con el tiempo, después de buscarla por semanas en todos lados, terminaron por aceptar que había desaparecido, o bien, el forastero amigo del sapa inca la había enviado lejos.

Sin embargo, esa tarde todos los habitantes de Machu Picchu, incluso los que estaban en la explanada, pudieron observar cómo la torre del Templo del Sol era iluminada por un tubo gigantesco de luz, más intensa que la propia luz del astro, que de un momento a otro se perdió en un fino haz brillante en el firmamento. El fenómeno fue muy comentado en los días que siguieron, pero nadie lo relacionó con la partida de Quilla.

Por su parte, Tlanté nunca volvió la vista atrás. Caminó directo al encuentro con Atahualpa. Le informaría sobre la partida de su hija a través de la luz Maxim y de su felicidad durante su experiencia y, ¡por fin!, podrían tener la importante conversación pendiente desde su llegada a la Tierra. Nunca se supo sobre qué hablaron en esa gran ocasión. ¿Una advertencia sobre los próximos acontecimientos que estaban por suceder en ese continente? ¡Quién sabe!

El reencuentro

Sueños cumplidos

Bastián esperaba a sus amigos disfrutando de una cerveza en la terraza del café donde acostumbraban reunirse años atrás, después de sus jornadas de estudio. Tras un largo periodo en que cada uno debió iniciar sus actividades en distintos lugares, los amigos volverían a encontrarse esa tarde. El primero en aparecer fue Aliwen. Venía de regreso de un viaje a Argentina. Fue invitado por una universidad para dictar una conferencia a los alumnos de biología. Seguía viviendo en el sur, después de haber dejado Santiago hacía un par de años. Estaba feliz de ver a Bastián, con quien seguía en contacto por Skype. Una vez a la semana se comunicaban para contar sus experiencias, y uno que otro romance. Al rato se presentó Ian, cargado con una filmadora, trípode y una maleta.

—Me voy a México por unos meses. Estoy haciendo un documental para un canal de televisión. Tengo vuelo esta noche, por eso vengo con tanto equipaje —explicó después de calurosos abrazos con los viejos y queridos amigos.

—Acabas de llegar de Francia y ya partes de nuevo —le reclamó Bastián, que había perdido de vista a su cómplice de aventuras durante varios meses.

Si no fuera por Mayra, su compañera, con quien acababa de iniciar una relación seria, lo habría echado mucho de menos.

Pronto se enfrascaron en una alegre conversación, interrumpida por una que otra carcajada.

Luna esperaba en la antesala del despacho del ministro de Relaciones Exteriores de México. Una semana atrás había recibido una carta oficial del gobierno donde se le invitaba a una reunión para comunicarle una importante noticia. Estaba expectante y algo nerviosa.

En ese último tiempo, muchas cosas habían sucedido, luego de su viaje por el continente para reunirse con tantas organizaciones y representantes que apoyaban su causa sobre los derechos humanos y los derechos de la tierra. Llevaba unos cuantos años de agitada vida en pos del cumplimiento de sus sueños sobre un mundo en paz, equilibrio y libertad. En varias ocasiones había sentido la soledad en que estaba. Sus actividades y numerosos viajes no le permitían mantener amistades, hasta hacía unas semanas, cuando conoció a Alon y a Itzel. Ellas trabajaban juntas en un programa regional basado en los mismos principios de sus objetivos. Las tres mujeres se encontraron en un simposio organizado por el gobierno de Uruguay. El vínculo fue inmediato. Desde que Luna las vio, sintió que serían grandes amigas, le parecía que no era la primera vez que se encontraban. Tenía la seguridad de que se iniciaba una nueva etapa en la que participaría junto a ellas en el desarrollo de las próximas actividades. Sin embargo, sus pensamientos fueron interrumpidos por la presencia de la secretaria, quien con deferencia la condujo a la oficina del ministro.

Un señor mayor, con una barba algo canosa, muy cuidada, salió a su encuentro y le estrechó efusivamente la mano.

—Bienvenida, señorita Luna, es un honor contar con su presencia en nuestro país. La invité a venir porque usted ha sido acreedora al Premio América, que cada tres años se otorga a quien se ha hecho merecedor por su gran labor en favor de los derechos humanos y de la tierra. Y, en esta ocasión, la Comisión

Latinoamericana estudió sus antecedentes, entre muchos otros nombres, pero fue usted la elegida. ¡Felicitaciones, Luna! Le haremos llegar la invitación a la ceremonia que se realizará en el Salón de Honor de la Presidencia.

La joven no cabía en sí de emoción. Luego de intercambiar unas cuantas frases de cortesía y agradecer con un ligero tartamudeo, propio del impacto por la gran noticia, se retiró, sin dejar de sonreír.

—¡Wow, los sueños se cumplen y el plan avanza! —se dijo. Iba tan extasiada con lo sucedido que no supo cómo, de pronto, se encontró ya en la calle.

Lo primero que hizo fue tomar el celular y llamar a sus dos nuevas amigas para contarles acerca del premio. Habían llegado hacía unos días a México para acompañar a Luna en el acto de premiación y habían quedado de juntarse a almorzar. Tendría mucho que conversar con ellas. Era hora de unirse y crear en conjunto nuevos proyectos.

El Salón de Honor estaba repleto de asistentes. Embajadores, representantes de gobierno, e invitados especiales, más una gran cantidad de público que conocía la labor de Luna y querían estar presentes en este reconocimiento, que consideraban tan merecido. Gran cantidad de periodistas y cámaras de televisión se veían rodeando el sector. Después de las presentaciones de rigor y discursos varios, llegó el momento de la entrega del Premio América a Luna, quien, radiante, vestía una hermosa tenida autóctona, semejante a las túnicas que llevaban las vírgenes del sol en los Andes meridionales en tiempos antiguos. Itzel y Alon, quienes aplaudían con ganas a su amiga mientras recibía el galardón en sus manos, comentaban acerca de la vestimenta que portaba:

—¿Tú sabes de qué origen es? —preguntaba Itzel.

—Sí. Está inspirada en las vestiduras de las acllas del Imperio inca —explicó Alon.

—Y tú que sabes tanto, ¿tienes idea cómo se dice Luna en quechua?

—Ja ja ja..., se dice Quilla.

La tríada estaba completa.

Terminada la ceremonia, en el coctel ofrecido por los organizadores, un periodista cargado con una cámara se acercó a Luna:

—Me llamo Ian, y represento a una cadena de televisión... ¿Sería posible que me concediera una entrevista? —ambos se miraron, el brillo de sus ojos los delató: se habían encontrado.

—¿Te parece que fuera ahora mismo? —respondió Luna.

—¿Con un café en aquella esquina? —sugirió Ian.

—¡Hecho!, vamos.

Esta historia recién comenzaba y duraría, duraría, duraría...

La historia de Luna, Ian, Bastián, Aliwen, Itzel y Alon no termina, porque pertenece a los mundos que aún ellos no crean, y a los que estamos creando...

Despedida

Tiempos pasados

El viajero estelar está a punto de volver a su estrella, su madre patria. Mientras espera la llegada de su paloma Ka y el cono de luz que lo transportará a su destino, hace una invocación.

Mi señor, si
todo se cumple
en la ley del amor,
todo también irá
en perfección,
si no, tardará en
arreglarse la historia,
el tiempo que
sea necesario,
así se tarden siglos.
Yo he cumplido mi
misión y es
hora de partir.

Luego se acerca a sus amigos, únicos testigos de su secreta partida. Abraza a cada uno de ellos y enseguida se acerca a Atahualpa.

Cuando ya su nave estelar anuncia su llegada, antecedida por su luz, Tlanté vuelve la mirada hacia nosotros para decirnos:

—Ustedes, que han elegido habitar este continente del futuro, tienen una gran responsabilidad. Está en sus manos la victoria.

Victoria fuera del tiempo.
Mensaje de Tlanté antes de subir

Pachacuti, quinientos años de fuertes aprendizajes deberán pasar.

Se mezclará la bondad con la maldad, la justicia con la injusticia, dominios y dominados, vida y muerte, desolación, asolación, ideales y traiciones. Gran preparación de un plan superior ya en marcha, antes de que la verdad del origen salga a luz, y el amor, la sabiduría y el poder de realización en perfecto equilibrio sea en América. La mezcla alquímica de las memorias, a través de sus habitantes, se hará luz y el plomo se convertirá en oro.

—Cuando las generaciones americanas del futuro reconozcan a la naturaleza, al reino animal, al cosmos y a Dios como uno, hijos y hermanos de una misma gran creación; cuando se reconozcan como herederos creadores, responsables del devenir de la tierra; cuando reconozcan las «malas hierbas» como sanadoras, pidan permiso a la Pachamama para caminarla y bendigan la vida; cuando reconozcan que de sí mismos nada pueden de verdad si no es en uno con su fuente; entonces será el signo que anunciará la llegada de la edad tercera de perfección en la unidad de las cualidades de las tres razas. El ojo de la estrella esplenderá en la frente de sus habitantes y se extenderá por todo el planeta y el amor será la bandera de todos los pueblos. La iniciación planetaria y su ascensión habrá comenzado. Este planeta pasará a conformar la vida-luz del universo. ¡Y esto comienza en América!

Tlanté recibió en el hombro a Ka, su paloma, que ya revoloteaba sobre su cabeza y subió por el cono de luz instalado ya en la explanada de la plaza central, en Machu Picchu.

—¡Qué alegría volver a verte, mi amada Ka. No sabes cuánto te extrañé en mi traje emocional humano! —fue lo último que se le escuchó decir.

Claves entregadas por Tlanté a los incas y a todos los pueblos ancestrales americanos

Haz como tus ancestros:

- No te cortes el pelo, forma trenzas para captar y entramar los recuerdos del principio... Ahí se guardarán para que un día puedan recuperar las memorias, transmitirlas y cumplir con el gran plan.
- Las claves están inscritas en los tejidos de las alfombras, en sus diseños geométricos. Sigan tejiendo las memorias algorítmicas de la ciencia estelar. Oculten aquí la verdad de la existencia de esta humanidad hasta que el camino esté preparado para ser develado desde el interior del ser.
- Ustedes, los narradores, los cuentacuentos, guarden en sus relatos la verdadera historia desde los albores de los tiempos en la Tierra. Ocúltenla en leyendas, mitos y tradiciones para que no sean usurpadas ni arrebatadas. Ellas pasarán de generación en generación hasta que los tiempos de ayninakuychis lleguen.
- Cuando las profecías ancestrales aparezcan en América, tómenlas en cuenta, sin temor, con alegría y esperanza,

ustedes serán los actores. Hay en ellas una forma de ciencia estelar que permite entrar a través del tiempo y determinar eventos para acciones específicas, así como guiar a quienes estén en esa edad futura y encontrarlos preparados.

Cuando el cóndor del sur se encuentre con el águila del norte en el lugar del jaguar, América esplenderá en luz, irradiará y será ejemplo al mundo.

Viracocha dijo que por el mar, en grandes naves, venía el hombre blanco barbado, montando grandes bestias y que iban a ser tiempos duros para todos los incas.

Viracocha les dio un regalo que era la hoja de la coca, para que cuando fueran maltratados y se sintieran enfermos la mascaran. Si tenían hambre debían mascar la hoja, si tenían frío también, si tenían sufrimiento lo mismo. Viracocha les dijo también:

—Ay de aquel hombre blanco que la mal utilice. Porque loco se va a volver y morirá de verdad, Viracocha sabio.

Texto inca

—Cuando sea el tiempo del final de la Edad de Dios-Hijo, Dios llamará a las tres clases de hijos. Los sentará a una mesa y les ordenará ayninakuychis, apóyense recíprocamente. Entonces intercambiarán los dones y todos serán munayniyoq, Yank'ayniyoq y yachayniyoq, simultáneamente. Así comenzará la mejor Edad de la Tierra, pero para que eso suceda deberán pasar antes la Segunda Edad.

De la tradición ancestral inca